À la recherche du Moyen Âge

A la mémoire de mes parents
A Hanka
A Barbara et Thomas

Jacques Le Goff

À la recherche du Moyen Âge

AVEC LA COLLABORATION DE
JEAN-MAURICE DE MONTREMY

Editions Louis Audibert

Cet ouvrage a pour origine une série d'entretiens entre Jacques Le Goff et Jean-Maurice de Montremy. Le texte a été entièrement revu par Jacques Le Goff.

ISBN 978-2-02-086050-5
(ISBN 2-84749-025-6, 1re publication)

AVANT-PROPOS

Jacques Le Goff – on le verra au début de ces entretiens – partit très tôt à la recherche du Moyen Age. Tout commença par l'émotion d'un jeune lecteur : la forêt d'*Ivanhoé*, des figures prenantes, Walter Scott, le roman historique…

Bien sûr, le petit Toulonnais ne savait pas encore que les deux mots (roman, histoire) portaient en eux-mêmes une longue aventure humaine, spirituelle et concrète. Déjà, pourtant, se dessinait un paysage intérieur dont l'exploration reste jusqu'à maintenant le « beau souci » de l'érudit, du savant, de l'enseignant, du chef d'équipe, irrémédiablement et incurablement *curieux*. Curieux de percevoir l'émotion, la poésie, l'insaisissable. Curieux de comprendre ces hommes, ces femmes, ces sensibilités disparues. Mais curieux, tout autant, de vivre le temps présent, dont les bruits et les fureurs le passionnent autant que le passé.

L'enquête, pour Jacques Le Goff, n'a jamais cessé. On pourrait presque dire : la quête. Car le Moyen Age, dont il fit son étude, était bien plus qu'une *période*. Jacques Le Goff eut vite l'intuition de rencontrer un monde, une civilisation, très proches et très lointains. En dépit de l'intense travail d'oubli – parfois de négation – qui permit à notre culture de s'affirmer contre ses origines (jusqu'à forger ce mot cruel de « Moyen Age »), le grand millénaire qui passionne Le Goff nous touche de près. C'est là notre propre question : nous sommes souvent « médiévaux » quand nous nous flattons d'être modernes ; et souvent nous ne sommes que « moyenâgeux » quand nous croyons nous enraciner dans le temps des cathédrales, des chevaliers, des laboureurs et des marchands. Les codes et les valeurs de ce lointain passé-proche nous sont bien plus étrangers que nous ne le pensons ; mais nous leur devons bien plus que nous ne voulons l'admettre.

Curieux, donc chercheur, Jacques Le Goff a compris – et fait comprendre – combien le Moyen Age était lui-même chercheur. L'historien le reconnaît volontiers : s'il a contribué à changer notre vision du Moyen Age, le Moyen Age a contribué à changer sa propre vision du présent.

Au fil de ces entretiens, le grand médiéviste propose une synthèse de ses travaux. Il raconte comment furent écrits ses livres, et comment s'est peu à peu dégagée une vision globale de cette civilisation qui façonna la culture « occidentale », dans ses qualités comme dans ses défauts. Fernand Braudel parlait d'*économie-monde*. Jacques Le Goff nous invite à découvrir une *civilisation-continent*. Car c'est bien l'Europe qui se dégage peu à peu de ces recherches dans l'espace et le temps. Une Europe dont les frontières sont culturelles, plus que géographiques. Une Europe qui ne fut jamais entièrement une « chrétienté » même si, durant des siècles, elle s'imagina comme telle. Jacques Le Goff montre bien comment cet idéal permit au Moyen Age de se construire – avant que notre propre temps en sorte, non sans déchirements. La « chrétienté », elle-même, évolua parallèlement, se dégageant d'un modèle territorial, l'Occident, qui n'était pas le sien à l'origine.

La cité céleste chemine dans la cité terrestre. Elle ne peut s'y fixer, ni se confondre avec elle. Elle la traverse. Car la cité d'en-bas est caduque, tandis que la cité d'en-haut ignore les injures du temps. Tel fut l'enseignement de saint Augustin, inlassablement repris et discuté par la pensée médiévale. Ces hommes, ces femmes, pensaient que le monde était en bout de course, l'humanité usée, déclinante. Ils n'ont toutefois cessé d'inventer, d'améliorer, de perfectionner. Ces hommes, ces femmes, imaginaient un univers clos, des valeurs solidement incarnées dans des lieux et des objets. Ils pèlerinaient toutefois vers un autre monde, attendant un autre espace, espérant un autre temps. Ils ont créé du neuf, alors que le principe même de « nouveauté » leur semblait détestable. Et l'on peut se demander si notre prétention à être toujours plus « nouveaux » ne trahit pas, à l'inverse, immobilisme et pesanteurs. Nous projetons ainsi dans le Moyen Age nos ombres, sans voir ses lumières.

Revisiter la civilisation médiévale avec Jacques Le Goff, c'est découvrir le dynamisme et l'optimisme raisonné, propres à nos prédécesseurs. Sans pour autant les idéaliser. En ce début de vingt-et-unième siècle, volontiers jouet des « grandes peurs », ces retrouvailles peuvent ménager d'heureuses surprises.

J.-M. M.

Ces entretiens se sont tenus tous les quinze jours du 21 février jusqu'au 24 juillet 2002. Jacques Le Goff en a revu, enrichi et développé le texte durant les mois d'août et de septembre. Les questions, le plus souvent réduites au minimum, ont été maintenues pour conserver – dans la logique propre à l'écrit – le rythme et l'ampleur qui font de Jacques Le Goff un digne héritier des maîtres médiévaux, toujours soucieux de capter l'attention de leur public.

1

DEVENIR MÉDIÉVISTE

Dans la vaste forêt qui couvre « *la plus grande partie des pittoresques collines et vallées situées entre Sheffield et la riante ville de Doncaster* », deux hommes conversent en cette année 1194 : le porcher Gurth et le bouffon Wamba, ils sont les premiers personnages que rencontre le lecteur d'*Ivanhoé* (1819). Le paysage peut faire rêver. Walter Scott se plaît à le décrire : « *Le soleil éclairait de ses derniers rayons une des belles et vertes clairières* [...]. *Des chênes au large faîte, au tronc ramassé, aux vastes ramures, qui avaient peut-être assisté à la marche imposante des soldats romains, étendaient par centaines leurs branches noueuses au-dessus d'un charmant tapis de gazon...* ».

C'est donc ainsi, en 1936, que je découvris le Moyen Age. J'avais douze ans, je vivais à Toulon, où mon père enseignait l'anglais. J'aimais déjà l'histoire – l'idée d'en faire l'étude m'était d'ailleurs venue vers l'âge de 10 ans. Je ne sais malheureusement plus pourquoi...

Lisant Walter Scott, nul doute possible : l'histoire confirmait son emprise. Elle prenait les traits du Moyen Age. Un Moyen Age campé dans un décor matériel envoûtant : la forêt, bien sûr, puis le château de Torquilstone dont le siège et l'assaut occupent une bonne part du récit ; et plus encore, peut-être, le tournoi d'Ashby, avec ses baraques, ses tentes, son tumulte, ses couleurs, ses tribunes où s'entremêlent petit peuple, marchands, nobles dames, chevaliers, moines, prêtres.

Je ne prétends pas avoir découvert, dès cet âge tendre, l'importance de la civilisation matérielle ; encore moins, aimant *Ivanhoé*, avoir critiqué l'histoire des programmes scolaires souvent réduite au récit politique, aux « grands hommes » et aux événements. J'ignorais bien sûr qu'existait depuis 1929 un certain mouvement des *Annales*, qui comptera tant pour moi, par la suite.

Une égale passion m'a d'ailleurs ravi, près de quarante ans plus tard, en lisant la *Bataille de Bouvines* (1973), où Georges Duby me refit vivre les souvenirs du tournoi d'Ashby. J'éprouvais, à voir Duby mettre en valeur le complexe « militaro-industriel » des joutes et batailles, le même plaisir que celui ressenti jadis avec la formidable apparition du chevalier inconnu – armure d'or et d'acier – portant sur son écu « Desdichado », l'Infortuné, l'homme qui défie le farouche templier Briand de Bois-Guilbert... Un tournoi, c'était vraiment quelque chose d'énorme. On pourrait le comparer avec une course de Formule Un : investissements financiers et techniques, retombées commerciales, vastes réseaux de sous-traitance, etc. A ces images qui n'avaient rien perdu de leur pouvoir d'envoûtement, Duby ajoutait les démonstrations de l'historien – expliquer en profondeur ce qui ne semble d'abord être que pittoresque et récit. Entre temps, j'étais devenu médiéviste.

Cette lecture eut, dans l'immédiat, une conséquence inattendue. Emu par le sort que les Normands font subir aux Juifs dans le roman, en particulier les épreuves traversées par la jolie Rebecca – Bois-Guilbert, décidément infect, l'accuse de sorcellerie – je voulus tout de suite participer à l'action contre l'antisémitisme et le racisme. Mais certains de nos amis suspectaient ces organisations d'être maçonniques et anti-catholiques, ce dont s'inquiétait ma mère, d'origine en partie italienne et fort pieuse. Elle m'envoya consulter l'archiprêtre de la cathédrale de Toulon, qui me rassura : je pouvais militer dans ce mouvement. Rebecca, décidément éblouissante, fut l'un des premiers grands rôles d'Elisabeth Taylor dans le superbe *Ivanhoé* de Richard Thorpe en 1952.

Avec le recul, cette anecdote me semble révélatrice. L'étude du Moyen Age a toujours suscité, dans ma vie personnelle, des « effets en retour ». C'est souvent après avoir abordé tel ou tel thème de l'histoire ou de la culture médiévales que je me suis posé différemment les questions d'aujourd'hui : questions graves, comme celles de la guerre ou de la violence ; questions apparemment plus superficielles comme la cuisine. Encore que je n'aie jamais pris la cuisine à la légère !

Le Moyen Age ne m'a certes pas offert de solutions pour le temps présent. En revanche, il m'a travaillé autant que je l'ai travaillé – et m'a travaillé en homme engagé dans le XXe puis le XXIe siècles. Pour pasticher une formule de Stanislas Fumet, il y a une histoire du Moyen Age dans ma vie, des « cadeaux » faits par l'histoire à l'historien. L'histoire m'a poussé à l'action. Je ne pourrai jamais séparer ma lecture d'*Ivanhoé* de l'enthousiasme que suscitait chez moi le Front Populaire, ce même an 1936. Je n'ai pas souvenir d'événements m'ayant communiqué la même flamme : la Libération ne me donna pas ce bonheur. Elle n'effaçait ni la défaite, ni l'amertume des années noires, ni la découverte de l'horreur. Tandis que 1936 ! Robin des Bois, d'un côté. De l'autre les acquis sociaux... Je compris plus tard que je transposais ainsi mes émotions (mes problèmes, inconsciemment) du présent dans le passé. Le Moyen Age ne m'a retenu que parce qu'il avait le pouvoir quasi magique de me dépayser, de m'arracher aux troubles et aux médiocrités du présent et en même temps de me le rendre plus brûlant et plus clair.

Notre-Dame de Paris *n'a pas eu, sur vous, le même effet ?*

J'ai lu plus tard, avec plaisir, le roman de Hugo. C'était dans le cadre scolaire. Il n'y avait pas la même liberté. Je pense, de surcroît, que *Notre-Dame de Paris* est paradoxalement trop bien écrit : son superbe langage l'emporte sur le contenu. Et le contenu, chez Hugo, n'est pas le Moyen Age, ni même la vie d'une cathédrale. Le contenu, c'est le livre lui-même, la formidable vision. Bien sûr, Hugo se réclame de Walter Scott. Il ne s'agit toutefois pas – il ne s'agit plus – d'un roman historique. C'est une vision.

Pour autant, je ne voudrais pas laisser croire qu'*Ivanhoé* fut l'unique déclencheur de mon entrée en Moyen Age. Cette période se trouvait alors au programme de la Quatrième. Je bénéficiais dans cette classe d'un professeur exceptionnel, Henri Michel. Bien que non-médiéviste, il savait raconter, il savait intéresser les élèves et traiter de manière impartiale les sujets les plus sensibles ; il ne se contentait pas de décrire : il s'attachait à expliquer. Militant socialiste, agnostique, Henri Michel parlait néanmoins très bien de l'Eglise, ce qui ne manqua pas de me séduire, car j'étais un enfant catholique pratiquant, comme le souhaitait ma mère – tandis que mon père, lui, était anticlérical, voire antireligieux.

D'entrée de jeu, Henri Michel avait annoncé la couleur : « Au Moyen Age, l'Eglise domine tout ». Ma dévotion d'alors – relative, certes, néanmoins sincère – avait été séduite. J'étais sensible au fait qu'un laïque traite du sujet avec compétence et respect. Grand résistant durant la Deuxième Guerre, Henri Michel devint l'un des spécialistes les plus reconnus de cette période. Je lui voue toujours une vive admiration et une profonde reconnaissance. Il reste, dans l'historiographie, le grand spécialiste de la Résistance et de la Deuxième Guerre mondiale. Il est, pour moi, le grand historien du Moyen Age. Car tel est le pouvoir de l'historien : savoir parler de toutes les époques sinon de toutes les civilisations. L'histoire sort des questions posées par l'historien.

Moyen Age sombre, Moyen Age clair : des lieux communs

Quelle vision proposait-on alors du Moyen Age ?

Ce que je percevais alors s'est trouvé modifié – presque recouvert par la suite de mes travaux. Disons que deux images se superposaient : un Moyen Age « noir » et un Moyen Age idéalisé.

J'eus la chance, grâce à Henri Michel puis d'autres maîtres, d'échapper à ces deux images. Celles-ci pèsent hélas toujours sur les mentalités d'aujourd'hui. La riche école médiévale française, malgré ses succès scientifiques, semble n'avoir rien changé dans les médias et les idées reçues. J'en suis parfois découragé puisque je retrouve intacts les deux clichés venus des XVIIIe et XIXe siècles : d'un côté le Moyen Age obscurantiste, lugubre, et par contraste le Moyen Age « troubadour », suave. Ils hantent les films, les romans historiques, les publicités. Récemment, Carla del Ponte – procureur général du Tribunal Pénal International – dénonçait la « purification ethnique » menée par Slobodan Milosevic comme une pratique « *moyenâgeuse* » ! Je ne parle pas de la vision dépréciative, fût-elle burlesque, proposée par le film *Les Visiteurs*... La conception sous-jacente à ces jugements tout faits révèle par ailleurs une idée fausse et primaire du progrès et de l'histoire en général.

Même des personnes cultivées en restent aux approximations, déjà datées du temps de ma jeunesse. « Nous ne sommes plus au Moyen Age ! », clamaient les meilleurs esprits face aux violences, aux actes barbares, aux mouvements de foule incontrôlés. En face, se proposait une autre version, stylisée, venue du romantisme : le Moyen Age c'était, pour reprendre un récent refrain à succès, abâtardissant l'œuvre d'un grand historien, « *le temps des cathédrales* », la foi simple et belle. On rêvait d'une époque artisanale et savante, à l'échelle à la fois humaine et divine.

La première de ces traditions, la noire, remonte à l'humanisme, à la soi-disant Renaissance (le premier « enténébreur » du Moyen Age est Pétrarque) et fut malheureusement relayée par les Lumières. Elle était bien installée dans les cercles influents de la IIIᵉ République. La seconde version, « cathédrales », se construit, pour sa part, après la Révolution, quand Chateaubriand – contestant les Lumières – rédigea son *Génie du christianisme* (1802), avec l'éloge de la nature et du gothique, de la simplicité, de l'idéal – grand livre poétique au demeurant.

Repris et approfondi par Charles Péguy, ce Moyen Age populaire, à la française, séduisait avant-guerre la gauche comme la droite. Cela permit, certes, de grandes réussites comme la représentation des troupes de théâtre itinérantes, qu'un Jacques Copeau puis un Jean Vilar lancèrent sur les routes dès avant la guerre. En sortiront le Festival d'Avignon et la spectaculaire utilisation de la fameuse cour du Palais des Papes. Mais ce n'est pas le Moyen Age. Avec les meilleures intentions, un grand cinéaste comme Marcel Carné ne recrée dans *Les Visiteurs du soir* qu'un Moyen Age de pacotille (1942). Ajoutez les rêveries sur les corporations, l'esprit chevaleresque, les mièvreries sur l'esprit courtois, la bonhomie rabelaisienne des fabliaux. Un spectacle médiocre joué par des acteurs en carton-pâte, tel était devenu ce Moyen Age « *énorme et délicat* » dont parlait Verlaine — temps héroïque, parfois violent, barbare ; tout simplement beau.

Gide avouait ne pas pouvoir lire la *Chanson de Roland* (le romantisme n'en gardait que le cor de Roncevaux). D'ailleurs on ne fréquentait pas l'extraordinaire littérature médiévale, difficile à pénétrer, mais quelle récompense quand on y réussissait ! Que serait la culture européenne sans les chansons de geste, les romans arthuriens, *El Cantar de mio Cid,* Dante et Chaucer ? Cette littérature — ni noire ni dorée — exprime ce temps, ces hommes et ces femmes, pleins de force et de vie, formidablement créateurs, éloignés de la vérité molle, du moralisme réactionnaire ou de l'esthétique saint-sulpicienne.

L'insistance du régime de Vichy à exploiter le filon discrédita, pour finir, ces visions toujours plus régressives. La version « dorée », si je puis dire, se contente en effet d'inverser la version « noire ». Pour régler son compte aux Lumières (à l'idée qu'il se faisait des Lumières) le pétainisme louait dans « son » Moyen Age un esprit d'ordre et de foi dociles, bien-de-chez-nous. Tout cela, fallait-il comprendre, avait été vicié, depuis, par les modernes et miné par des agents corrupteurs étrangers.

Ce Moyen Age, on me l'a montré – mais je ne l'ai pas reçu.

A l'époque où je lisais Walter Scott et où je bénéficiais des cours d'Henri Michel, je voyais le Moyen Age malgré ses échos contemporains comme un monde lointain, différent du nôtre. S'y côtoyaient des pratiques barbares et des figures sublimes, impressionnantes. Ce Moyen Age ne vivait plus parmi nous : il avait disparu. C'était un rêve évanoui.

Mon seul souvenir médiéval d'alors, celui du mont Saint-Michel, vu à l'âge de neuf ans, confirmait cette distance. Saint-Michel « au péril de la mer », disaient les hommes du Moyen Age ! Pour eux, la mer était quelque chose d'inquiétant, de sauvage, encore proche du chaos biblique, qui avait en partie échappé à la mise en ordre inachevée de la Création. Peut-être ai-je, alors, perçu confusément cet esprit aventureux : défier avec de pauvres moyens l'inconnu, le grand large…

La vraie découverte du Moyen Age « concret » survint donc plus tard, en 1939, j'avais quinze ans. Je vis alors enfin des vestiges médiévaux. Il ne s'en trouve pas à Toulon, dont l'essor est bien plus récent. Lors d'un voyage aux Pyrénées, nous avons changé de train à Toulouse. Les quelques heures de battement furent mises à profit pour visiter. Ainsi eus-je la révélation de l'abbatiale Saint-Sernin, la plus grande église romane de France. J'en fus profondément ému. Mais il me paraissait évident qu'il s'agissait d'un autre monde, à distance de ce début de XXe siècle durant lequel je vivais. Qui donc avait construit cela et pour qui ? Comment connaître ces hommes, ces femmes ?

J'étais bien sûr heureux de ne pas vivre au « Moyen Age ». Je le devinais dépourvu de beaucoup des commodités quotidiennes dont disposait déjà mon présent d'alors, celui de l'extrême fin des années 1930. J'en éprouvais toutefois une certaine nostalgie, comme si cette sortie du Moyen Age n'était pas si ancienne, comme si les liens rompus nous privaient de quelque chose, nous éloignaient d'hommes que j'aurais voulu entendre. Le tournoi d'Ashby tirait son panache du peuple qui s'y pressait, si proche, mais pourtant si différent. Je le sentais très éloigné d'un public de match de football ou de rugby.

J'étais jeune. Et pourtant beaucoup de choses disparaissaient. D'autres naissaient. J'avais six ans quand le cinéma devint parlant. Notre famille n'était pas encore équipée du téléphone mais celui-ci existait. Je voyais bien les changements qu'il apportait dans le rapport à l'espace et au temps. Même chose pour l'automobile (nous n'en possédions pas non plus, d'ailleurs) ou pour tout ce qui touchait à la vie quotidienne. Ne serait-ce que l'apparition, plus tardive, des réfrigérateurs : pendant des années nous avons vécu au rythme vénérable des glacières où l'on entreposait des blocs de glace achetés dans des entrepôts ou à des revendeurs ambulants. Puis soudain, l'on pouvait contrôler le froid, se jouer du temps. J'eus le « sens de l'histoire » — le seul qui ne sera pas ébranlé plus tard ; et encore…

Je sentais assez clairement notre entrée dans une autre ère. Je devinais que ces changements matériels, quotidiens, étaient l'une des composantes fondamentales de l'Histoire. Que l'Histoire, une nouvelle fois, ne se limitait pas aux batailles, aux rois ou aux gouvernements. Une certaine manière d'être et de penser s'effaçait, des usages s'éteignaient. Plus tard, j'appellerai ce mouvement un changement de mentalité. Il accompagnerait les changements matériels.

Certes, je ne distinguais pas toutes les strates déposées dans nos vies par les siècles successifs. Cependant, je voyais bien qu'il restait du Moyen Age dans notre monde et dans nos existences et que ce Moyen Age avait passé, définitivement — mais laissait des héritages.

Il me semblait, pour finir, que la disparition s'était précipitée, accélérée, écoulée, avec la guerre de 14-18 dont les marques, les manques, les vides restaient omniprésents autour de moi. Lors de la défaite de 1940, j'avais seize ans. J'ai vécu la Deuxième Guerre. Pourtant je n'ai pas éprouvé durant cette période la sensation de fin d'un monde que m'avait auparavant suggérée le souvenir de 14-18 entretenu par mes proches et leurs contemporains. L'Histoire, pour moi, dans les années 1930, c'était aussi repasser de l'autre côté d'un mur – la Grande Guerre, dont tous parlaient – pour retrouver cette vie si différente, ces « gens moyens », comme nous, déjà presque exotiques alors que vingt ans seulement avaient passé. La jeunesse de mes parents semblait s'être passée dans un autre monde. Avec l'irruption bouleversante d'un futur : le cinéma.

Vous avez parlé de nostalgie…

Oui, encore qu'il faille être clair. Mon Moyen Age ne devait rien aux modes néo-médiévales dont je viens de parler. J'y découvrais néanmoins un plaisir nostalgique, indissociable de l'Histoire en général, et que connaissent, je crois, tous les historiens : le plaisir nostalgique d'une lutte contre la mort. L'Histoire plonge dans la vie du passé, prolonge cette vie disparue, et la ressuscite – ou, du moins, se figure la ressusciter, tout en sachant obscurément que cette résurrection risque de n'être qu'un sursis. Plaisir de la résurrection, d'une part ; de l'autre : nostalgie de l'illusion.

Le métier d'historien prenait ainsi place, pour l'adolescent que j'étais, parmi les métiers que l'homme avait inventés pour vivre et faire vivre. Je me sentais proche des médecins et des artistes – sans doute, pour ce dernier point, à cause de ma mère. Elle enseignait le piano. Je voyais, j'entendais, qu'il suffisait de poser les doigts sur le clavier pour que des œuvres anciennes revivent, pour que des époques révolues résonnent parmi nous… Un professeur d'histoire (je ne pensais pas alors devenir chercheur) ne me semblait pas si différent d'un pianiste. Il fallait déchiffrer, apprendre, transmettre, en restituant la vie. Les documents étaient des partitions et par rapport aux médecins, le passé était un organisme humain à qui il fallait la vie, une espèce de vie…

Je ne mettais certes pas de noms techniques sur ce qui m'attirait, mais je puis dire aujourd'hui avoir été très tôt intéressé par deux genres d'histoire : l'histoire sociale et l'histoire culturelle. Deux histoires qui se rencontraient dans mon indéniable curiosité pour les rituels et la liturgie. Ainsi des tournois. Ainsi de l'Eglise, également.

Comme je l'ai dit, je n'éprouvais pas – contrairement à ma mère – un sentiment religieux intense, mais j'étais sensible à la religion qui s'exprimait, pour un petit Toulonnais, sous la forme du catholicisme post-tridentin, méridional. Le Concile Vatican II, la révolution des années 1960-1970, ont fait basculer tout cela dans un autre monde. Les personnes nées dans les années 1950 n'en ont déjà qu'une idée floue. Pour les générations postérieures à 1960, c'est du chinois.

Mes souvenirs sont peut-être reconstruits. Je crois, toutefois, que l'écart existait déjà dans les années 1930. Ecart, mais pas étrangeté. J'observais les vieilles liturgies sans me fondre dans les gestes ou l'émotion. Ces liturgies, d'ailleurs, n'étaient pas si vieilles que cela : elles s'enracinaient dans le

XVIIe siècle et, plus encore, dans l'ardent effort de restauration qui fut celui du XIXe. Il n'y restait pas grand-chose de l'Eglise médiévale. Mais enfin, c'était encore une présence forte des vieux rituels, vis-à-vis desquels, comme bien d'autres, je me trouvais en porte-à-faux : un pied dedans, un pied dehors.

Je pourrais dire la même chose d'autres usages, comme la distribution des prix en fin d'année : les professeurs en robe, l'interminable litanie des lectures du palmarès, la remise des livres et des diplômes... Dès la classe de Quatrième, de telles cérémonies me paraissaient étranges, aussi fascinantes et « médiévales » que ce fameux tournoi d'Ashby. J'éprouvais inconsciemment le besoin d'aller au-delà de Jules Ferry pour voir l'Ecole sortir de l'Histoire.

Dès le secondaire, donc, vous décidez, si ce n'est d'être historien, au moins d'enseigner l'histoire.

Pas si simple... Les études, en elles-mêmes, ne m'ont pas posé de problèmes majeurs. Leur contenu, davantage.

Je passe le baccalauréat. C'est le printemps 1940. Je suis en train de composer en version latine pour le concours général quand le surveillant, sorti un moment de la salle, m'annonce en rentrant que Hitler a envahi la Belgique. Les bombardements italiens sur Toulon en mai nous font quitter la ville (mon père, pour des raisons de santé, ne pouvait descendre dans les abris).

Nous nous réfugions aux environs de Sète, dans une campagne mise à notre disposition par des proches. Je vais m'inscrire pour passer, quand ce sera possible, l'oral du bac à Montpellier, chef-lieu d'Académie. Alors que je suis sur la fameuse place de « L'Œuf », des haut-parleurs transmettent le discours de Pétain annonçant qu'il a demandé l'armistice à Hitler. Un militaire qui passe là enlève son uniforme et clame, en sous-vêtements, qu'il ne veut plus porter un uniforme qui a été déshonoré. Pour moi, la France qui sera minoritairement celle de la Résistance et majoritairement la vile courtisane du vieillard dont j'entends la voix honteuse et chevrotante, restera pour toujours, avant que j'apprenne la déclaration faite par de Gaulle le 18 juin, celle du refus public de ce simple soldat.

Le baccalauréat passé, je fais dans la Marseille de la guerre, une hypokhâgne et une khâgne avec d'admirables professeurs et des condisciples dont quelques-uns sont demeurés parmi mes amis les plus chers. Venu le temps qui aurait dû être celui du « travail obligatoire » pour l'Allemagne, le STO, ce sont quelques mois de maquis alpin, puis fin 1944, Paris libéré, une khâgne à Louis le Grand. Elle était moins vivante, moins inspirée que celle de Marseille, mais terriblement efficace. J'entre à Normale en juillet 1945. Je crois que cette expérience modeste et marginale de la deuxième Guerre, s'ajoutant à mes réflexions déjà anciennes sur l'histoire comme science concrète, humaine, me rendit incapable de supporter une histoire poussiéreuse, celle dont Lucien Febvre, comme je l'appris plus tard, a dit que les paysans n'y labouraient que des cartulaires, des recueils de chartes.

Je dus suivre, parallèlement, des cours en Sorbonne, comme c'était alors l'usage. Ma déception est cruelle. A de rares exceptions près, les historiens sorbonnards m'accablent au point que je songe à abandonner l'Histoire. Je ne reconnaissais nulle part ce que j'avais commencé à découvrir à Toulon et à Marseille. J'ai un moment été tenté de bifurquer vers l'étude de la langue et de la civilisation allemandes. Ce concept de « civilisation » m'attirait. L'approche culturelle, la notion même de civilisation, croisant les disciplines, prometteuse de vie, de résurrection des hommes et de la vie sociale semblait en effet absente de l'histoire historienne telle qu'elle se pratiquait ces années-là.

J'avais été, au lycée, passionné par la langue et la littérature allemandes. D'une façon qui m'avait moi-même surpris, j'avais distingué les Allemands des nazis. En khâgne à

Marseille un admirable professeur (après de très bons à Toulon), Henri Pizard, m'avait ouvert l'accès au monde merveilleux de Goethe, Heine, Rilke, Thomas Mann. Il avait été tué à la libération à Marseille (mort accidentelle, terrible hasard). Je songeais presque à un hommage à sa mémoire. De nouveau, toutefois, la déception n'a pas tardé. Derrière le beau mot de « civilisation » on ne trouvait que des formules étriquées. Et la philologie gâta tout.

Je suis donc revenu à l'Histoire, notamment grâce aux cours d'histoire ancienne qui me paraissaient les plus intéressants. Mais il y fallait des compétences – notamment techniques (archéologie, épigraphie) – que je ne possédais pas et qui ne m'attiraient pas. Ces techniques ont néanmoins retenu mon attention. Avec elles, je me colletais enfin au problème majeur de l'historien : celui de la documentation. J'ai dit qu'il y avait un plaisir nostalgique dans notre activité. Ce plaisir n'est que la récompense finale. Avant cela se pose l'exigence de base : employer et rechercher les documents. On ne peut faire ce métier sans des sources, et sans savoir utiliser ces sources, avec une rigueur véritablement scientifique.

J'ai ainsi découvert la paléographie, qui est la science de la lecture des écritures anciennes. Lecture aux deux sens du terme : le déchiffrage et l'interprétation. Le contact avec le manuscrit m'a passionné. Ce sont le plus souvent des peaux d'animal, des parchemins, matière agréable au toucher. On y sent matériellement le travail du scribe : son encre, sa plume, ses codes, ses petites manies, son labeur. La paléographie m'a ainsi confirmé dans mon goût pour le Moyen Age. Elle m'a sans doute orienté définitivement vers la recherche. Cela ne m'a pas empêché d'aimer enseigner, que ce soit lors de mon bref passage en lycée (un an à Amiens, 1950-1951) puis à la Faculté des Lettres de Lille (1954-1959).

Il m'est resté de ma vocation première – reprendre le flambeau de mon père ou d'un maître comme Henri Michel – le goût de communiquer le résultat de mes recherches, de les faire partager et de coopérer avec d'autres chercheurs. Je parlerai plus loin du grand savant, du maître rigoureux et humain qui m'a retenu définitivement et définitivement conduit dans le Moyen Age à la Sorbonne, Charles Edmond Perrin — sans que nous partagions la même conception de l'histoire. Et plus loin encore des deux médiévistes qui m'ont ouvert les grands espaces de l'histoire médiévale : Maurice Lombard aux Hautes Études, Michel Mollat du Jourdain à l'Université de Lille.

UNE RÉVOLUTION: LE LIVRE. UN PROBLÈME: LES SOURCES

Pour le profane, parler d'épigraphie, de manuscrits, d'imprimés – tout cela semble du pareil au même.

Ces sciences sont des sciences de la source. Mais elles requièrent des techniques différentes et s'appliquent à des périodes différentes. Il y a une logique de l'épigraphie, il y a une logique du manuscrit, de l'imprimé, de l'image, etc., qui structurent l'approche de l'historien.

Faire l'histoire de l'Antiquité sans archéologie et sans épigraphie – le déchiffrage des inscriptions – serait une plaisanterie. Du coup, l'historien de l'Antiquité entretient avec son sujet un rapport différent de celui qu'entretiennent avec leurs archives les historiens du monde contemporain. La nature des documents dont nous disposons influe sur notre manière de penser les périodes étudiées. Un historien de la Révolution française raisonne à partir de matériaux qui ne « fonctionnent » pas, si je puis dire, de la même façon que ceux auxquels recourt un spécialiste de la Première Guerre. Le Moyen Age, quant à lui, est inséparable des manuscrits. Il en a produit. Il a aussi été produit par eux.

L'Antiquité s'exprimait sur des rouleaux – ce qui suppose un rapport au texte particulier : les retours en avant et en arrière demandent une manipulation plus longue. Le cadrage des lignes et des paragraphes dépend de la surface sur laquelle le scribe, ou le lecteur, peut s'appuyer ; la notion de phrase et de ponctuation n'est pas la nôtre. Ainsi de suite. Enfin, le rouleau ne favorise guère la lecture silencieuse. Même s'ils savent parfaitement lire et écrire, les puissants et les savants de l'Antiquité ont l'habitude de se faire *dire* les textes parce que les lecteurs spécialisés manipulent vite les rouleaux, libérant leurs maîtres de toutes contraintes matérielles. De même, presque toujours, préfèrent-ils dicter.

La généralisation du codex (notre livre, avec des pages et des cahiers) marque un passage. Le *livre-codex* serait une assez bonne manière de situer la naissance du Moyen Age, dès la fin du IVe siècle. Le *livre-codex* favorise la lecture personnelle, intériorisée, même si la lecture totalement silencieuse ne se généralise qu'au XIIIe siècle. Jusque-là, il faut encore imaginer les lecteurs – même solitaires – marmonnant les textes ou, tout au moins, bougeant les lèvres.

L'avènement définitif de la lecture silencieuse, encore plus intériorisée, correspond d'ailleurs à une nouvelle période du Moyen Age. Elle suppose une profonde modification de la mémoire, puisque la facilité d'emploi du codex et le développement des marges permettent un jeu de repérages ou de renvois. L'Antiquité, certes, connaissait les marges, les gloses, etc. Il manquait, néanmoins, un espace rationnellement gérable. Avec le codex, c'est fait. Et l'individu lisant pour soi s'affirme. Soit dit en passant, je me suis éloigné de l'histoire anglaise, qui m'était pourtant chère, en partie parce que la chancellerie royale d'Angleterre fut la seule à maintenir longuement le vénérable usage du rouleau. Cela rend la consultation éprouvante et encombrante.

Enfin, il y a l'écriture elle-même. Dis-moi comment tu écris, je te dirai qui tu es. A quel atelier tu appartiens, à quelle cour, à quel groupe, à quel milieu.

La réforme de l'écriture durant le règne de Charlemagne est un moment fondateur, lourd de conséquences. Autour de l'an 800, les *scriptoria* – ces ateliers de scribes, le plus souvent monastiques – imposent la domination d'une petite écriture calligraphique, la « minuscule » *caroline*. Le mot « caroline » vient de *Carolus*, Charles ; la « minuscule » désigne, bien sûr, une distinction fondamentale avec la majuscule. On sait que l'Antiquité, notamment les épigraphies, privilégiaient la majuscule, clairement lisible mais nécessairement plus schématique.

Cette caroline répond à une exigence religieuse et politique : Charlemagne et son entourage veulent une édition fiable, uniformisée, des vieux manuscrits, notamment ceux des Evangiles et des Pères de l'Eglise, dont le texte est par ailleurs rétabli à partir des plus anciens et plus fidèles manuscrits alors connus. La constitution de ce corpus implique la mise au point d'un outil graphique nouveau. Tous les textes seront écrits en latin, tous de la même façon. C'est la base d'une civilisation, un mouvement qui modifie peu à peu la façon de transmettre et d'enseigner. La constitution des Universités, au XIIe/XIIIe siècle, se trouve déjà en puissance dans cette profonde réorganisation de l'écrit.

On peut ensuite juger physiquement, à la seule vue des manuscrits, l'important tournant que sont les XIIe et XIIIe siècles. La caroline disparaît. L'écriture devient irrégulière, personnalisée, avec un système d'abréviations. C'est la preuve qu'on écrit vite et que l'on saisit sur le vif la parole. Il y a désormais des étudiants nombreux et des maîtres. Il y a ceux qui notent et d'autres qui ont autorité pour s'adresser au grand nombre. La rapidité de l'écriture permet de fixer la mobilité de la pensée, les intuitions, les variations. L'intériorité s'accroît encore. La mémoire se modifie à nouveau. Une grande partie des traités du XIIIe siècle, y compris ceux des plus hautes autorités, comme Thomas d'Aquin, furent rédigés à partir de notes prises durant les cours. Ce même Thomas nous a laissé bien des traces de sa propre écriture – une terrible écriture abrégée – où l'on sent la folle rapidité de la pensée en train de naître, s'engendrant elle-même. C'est le temps de la *cursive* et des abréviations.

Un nouvel ordre, un nouveau réglage, arrive avec les humanistes des XVe et XVIe siècle, notamment Erasme. Preuve d'un changement d'époque non de civilisation. L'imprimerie commence en effet à répandre un nouveau type de textes. Il y aura bien sûr, et encore pour longtemps, des manuscrits et certaines sources ne peuvent être que manuscrites. Ceux-ci n'ont toutefois plus exactement le même rôle. Face aux sources imprimées l'historien ne peut réagir de la même façon que face au manuscrit. Aujourd'hui un autre changement essentiel se produit avec l'ordinateur.

Le bonheur que j'ai eu de découvrir les manuscrits médiévaux a été grand, même si beaucoup l'ont été à travers des fac-similés, des photographies. Ce fut capital. Par la suite, j'ai veillé à développer la connaissance d'autres sources : notamment l'archéologie médiévale et l'étude des sources artistiques, iconographiques. Ce contact avec le document crée la distinction fondamentale entre le « vrai » historien, l'historien de métier, et l'historien de seconde main, qui, quelles que soient ses qualités, n'est qu'un historien amateur, un ersatz d'historien.

On peut dire que toute l'histoire se situe dans la production de documents et dans le déchiffrement des documents qu'on nomme sources. Un mouvement s'opère ainsi de l'histoire qui se fait à l'histoire qui se raconte, se note et constitue la mémoire écrite, grande besogne de l'humanité qui ne veut pas disparaître ; il conduit des hommes et des femmes vivants à l'historien, et l'historien les empêche de mourir.

Quant au terme de source, il m'embarrasse.

D'un côté, le mot me séduit car il fait du document quelque chose de vivant, une source de vie. Mais d'un autre côté, il peut conduire — et il a conduit certains historiens — à penser que l'histoire « coule de source », sort toute faite des documents. Pour les historiens « positivistes » du XIXe et du début du XXe siècle, il suffisait de réunir des documents, d'en faire la critique du point de vue de l'authenticité (prouver qu'ils n'étaient pas faux — l'histoire des faux est une belle page de l'historiographie) pour que l'œuvre historique soit faite. J'ai appris de mes maîtres des *Annales* que c'est l'historien qui crée le document, qui confère à des traces, à des vestiges, comme dirait Carlo Ginzburg, le statut de source. Le questionnaire de l'historien, les questions qu'il se pose et qu'il pose (une partie essentielle de son métier), constitue la base de l'historiographie, de l'Histoire.

On a longtemps sous-estimé l'archéologie médiévale, puisque les traces de cette période sont souvent intriquées dans des additions et remaniements postérieurs – tandis que les restes de l'Antiquité paraissent plus aisément repérables : ce sont des ruines, des traces dans les champs, des restes recouverts par d'autres restes très différents. Pendant longtemps, surtout, on a considéré l'archéologie comme un document de second ordre. Pour l'Antiquité, on était obligé de s'en servir faute de textes. Conformément à la conception paresseuse de l'historien qui doit laisser « parler » ses sources, la source archéologique semblait moins claire que la source textuelle… alors que souvent l'écrit est plus fait pour mentir que pour dire la vérité !

J'ai connu dans les années 1950 et 1960 une réglementation de l'activité archéologique en France, qui arrêtait (en particulier pour les fouilles) l'archéologie reconnue à l'an 800. Charlemagne est couronné, le texte triomphe, l'archéologie s'arrête. J'ai connu peu de conceptions aussi stupides et burlesques. Heureusement, il y a aujourd'hui dans toute l'Europe une archéologie médiévale active et féconde. Enfin, et surtout, l'archéologie ne se limite plus à la fouille et à l'étude des monuments, ni à la recherche des seuls beaux objets. Elle s'intéresse aux sites globaux : villes et villages. La fouille des « villages désertés » a beaucoup accru nos connaissances de la vie rurale médiévale. L'archéologie s'intéresse aussi à ce que l'on désigne comme la « culture matérielle », chapitre désormais important de l'histoire.

On négligeait, enfin, le plus visible, le plus évident : je veux dire l'image médiévale. Omniprésente, celle-ci a longtemps été interprétée sous l'angle artistique – ce qui est nécessaire – mais on sous-estimait, du coup, son apport documentaire, sa valeur de témoignage, d'expression.

Issus du romantisme, ou hostiles au romantisme (j'oserais dire qu'en ce domaine les deux partis se ressemblent), les historiens n'ont pas toujours admis que l'œuvre d'art, ou d'artisanat, ne se résumait pas à la belle invention faite par un *auteur artiste*. Ils ne voyaient pas qu'elle reflète aussi des règles, des codes, des usages, des commandes. Bref, que l'individu – notion chère aux XIXe et XXe siècles, mal accordée à l'esprit médiéval – s'y exprimait certes avec sa sensibilité personnelle, mais aussi et d'abord en fonction d'un certain nombre de conventions, propres à l'époque. Et significatives. La tradition romantique est attachée à la beauté. On y cherche l'homme, le génie, sous des règles imposées. On finit, du coup, par négliger l'importance de ces règles, prises en tant que telles. L'image est, d'une autre façon, un texte.

Ces règles ont-elles pour but de communiquer un message au public ?

Un « grand public », qu'il faudrait convaincre par la vulgarisation et des productions de masse – tout cela, c'est une idée moderne. La question ne se posait pas ainsi au Moyen Age.

Le premier destinataire (ou le destinataire final, comme on veut) était Dieu. Toute œuvre que nous appelons œuvre d'art (le mot n'existait pas au Moyen Age) était une imitation de la création divine ou de la nature, elle-même créature de Dieu. Il y avait des commanditaires et des commandes : l'Eglise, les puissants, les notables, les communautés instituées. Là est le niveau essentiel. Celui des commanditaires, ce qu'ils ont besoin d'exprimer. Longtemps l'artiste médiéval n'est qu'un artisan qui travaille sur commande.

L'œuvre d'art, l'image et leurs thèmes sont pour l'historien une source, pour deux raisons. Ces œuvres expriment une sensibilité : leur contenu significatif dépasse la personnalité de l'artiste, du commanditaire et de ceux qui le reçoivent. De même que l'historien a eu recours à la notion de mentalité dans le domaine des idées, de même doit-il recourir à la notion de *sensibilité collective* pour rendre compte de la signification historique d'une œuvre d'art. Il ne doit pas non plus oublier que toute une partie de la création artistique s'adresse en définitive à l'ensemble du peuple chrétien — que cette création constitue un élément essentiel de la liturgie, elle-même force structurante de la communauté médiévale. Ainsi le document artistique, l'image se concentrent-ils dans les lieux, les monuments où se déroule le plus fortement, le plus fréquemment cette liturgie : l'église, la place communale. Il y a certes les images réservées à quelques-uns, ou à Dieu : les sculptures invisibles, les peintures de manuscrit, les trésors d'église. Mais ils finissent toujours par faire l'objet d'exhibitions, d'ostensions – fussent-elles rarissimes, donc d'autant plus fortes.

Le XIXe siècle nous a beaucoup apporté. Il pèse toutefois, en ce domaine, d'un poids parfois trop lourd. Notre fameuse Ecole des Chartes illustre bien cette inflexion.

Créée dès 1821 par Louis XVIII, dans la suite de la vogue « troubadour » (encore Chateaubriand !), réformée en 1846, l'Ecole des Chartes devait sauver et réhabiliter les documents écrits en bas latin et en ancien français – mémoire mise en péril par le mépris qu'en avaient les Lumières, puis la Révolution. Ce prestige nouveau des Chartes s'inscrit dans un mouvement plus général. Là se combinent l'imaginaire qui inspire Hugo (ou Michelet) et un désir de connaissance scientifique du passé, imprégné d'un élan nationaliste.

A ce moment naît la notion de patrimoine, si caractéristique du XIXe siècle. C'est au début du siècle, également, qu'Alexandre Lenoir, fondateur en 1796 du musée des Monuments français, rassemble les ensembles ornementaux sauvés de la Révolution. Il publie en 1804, le *Musée des Monuments de France*. Il fonde aussi la Commission des Monuments Historiques qu'illustrera Prosper Mérimée. Au même moment, on édifie au cimetière du Père-Lachaise un tombeau pour Abélard et Héloïse. Bientôt viendra le génial Viollet-le-Duc (1814-1879), théoricien rigoureux du gothique (à Carcassonne, à Notre-Dame de Paris) qui voit dans cet art le produit d'un imaginaire esprit démocratique médiéval.

Nous devons à ces initiatives, reprises par la Troisième République, un travail admirable, proche du travail mené à la même époque par la grande école philologique allemande. Malheureusement, ce retour aux sources, aux manuscrits, à la paléographie, concernait essentiellement les écrits juridiques : les *chartes*. Le régime de Louis XVIII ne s'était-il pas, lui-même, fondé sur une Charte ?

Avec l'Ecole des Chartes, autant dire qu'on s'est longtemps focalisé sur une partie seulement du fonds médiéval. Partant des meilleures intentions, on restreignait, non seulement le Moyen Age mais l'Histoire en général, à l'étude des institutions. Les chartistes comprirent bien que le Moyen Age formait un système, un tout. Mais ils n'y virent pas une civilisation. Ils reprirent dans une acception neutre le terme qui pour les juristes des Lumières condamnait le Moyen Age : celui de féodalité. Je reviendrai plus tard sur ce mot qui brouille encore notre perception du Moyen Age (chapitre IV de ce livre). Disons pour l'heure, que la notion de féodalité est essentiellement juridique. Elle concerne la possession et la transmission d'un bien, d'un *fief*, régies par un contrat.

Pour les juristes des Lumières, le système médiéval qu'ils désiraient détruire (ce que fit la Révolution française) s'ordonnait autour de ce fief, et se résumait à celui-ci. Ils tiraient de cet élément juridique, d'une importance secondaire (même s'il ne peut exister en dehors du lien social entre seigneur et vassal), une vision globale du Moyen Age. On sait l'ardeur que mirent les révolutionnaires à piétiner tout ce qui rappelait de près ou de loin les « horreurs » féodales. Cela tenait, si l'on ose dire, du psychodrame : les structures juridiques, économiques et sociales héritées de l'absolutisme n'avaient plus grand-chose à voir avec celles, bien lointaines, de la féodalité.

Les historiens modernes, tout en conservant ces termes, leur ont donné un contenu beaucoup plus complexe et plus riche, de nature plus sociale et anthropologique que juridique. Aujourd'hui, nous faisons l'histoire du Moyen Age sans presque avoir recours à la notion de fief – ce qui montre l'étendue des changements.

Pour sortir de cette approche trop juridique, il a fallu étendre l'étude des sources ; il a fallu consulter tout ce que les historiens ne lisaient pas au XIXe siècle, ou ne pensaient pas digne d'être lu : sermons, manuels de confession, théologie pratique, comptes commerciaux, etc. On découvrit ainsi un Moyen Age différent. Et une Histoire différente.

Vous l'avez sous-entendu : avec la diffusion de l'imprimé, les sources changent. Il y aura ensuite la multiplication mécanique des images, puis celle du son, puis celle de l'audiovisuel. A quoi s'ajoute la conservation croissante d'archives de tous genres. Cela change-t-il le travail de l'historien ?

Le médiéviste a de la chance, en effet. Ses méthodes, même élargies, restent à la mesure de son sujet. En revanche, je ne crois pas que l'histoire moderne et – plus encore – l'histoire contemporaine puissent conserver telles quelles ces méthodes.

Lucien Febvre (1878-1956) et Marc Bloch (1886-1944), puis Fernand Braudel (1902-1985), Georges Duby (1919-

1996) ou moi-même nous sommes tous spécialisés soit dans le Moyen Age soit dans cette autre période « médiévale » qu'est aussi, selon moi, la Renaissance. On trouve des choix comparables dans les importantes écoles allemandes, italiennes et anglo-saxonnes, pour ne citer qu'elles. Nous n'étions pas seuls. L'historien dépendant des sources, son rapport à celles-ci joue un rôle important dans le choix qu'il fait de sa période. Moyen Age et XVIe siècle offrent un heureux équilibre quantitatif de sources, entre la pénurie antique et la pléthore moderne, surtout contemporaine.

Je dois cette orientation au mouvement des Annales, que je découvris lorsque je préparais l'agrégation. J'ai bénéficié d'une grande chance. L'année 1950 où je passais le concours fut celle d'une grande révolution. Le ministère de l'Education Nationale avait, à l'automne 1949, changé radicalement les membres du jury. L'agrégation d'histoire devenait la chose des historiens des *Annales*. Fernand Braudel en devint le président. L'historien sans doute le plus novateur en était le médiéviste, peu connu, distingué par Lucien Febvre, Maurice Lombard, un spécialiste de l'Islam médiéval, qui enseignait dans la marginale Ecole Pratique des Hautes Etudes. Celle-ci fut fondée par le dernier ministre de l'Instruction Publique de Napoléon III, l'historien Victor Duruy en 1868, pour créer à côté des cours magistraux d'une Sorbonne plus rhétorique que scientifique, un enseignement supérieur fondé sur le séminaire, c'est à dire sur un groupe de travail et non plus sur un amphithéâtre d'auditeurs passifs. On imitait ici la Prusse dont on sentait la prééminente modernité qu'allait prouver la guerre de 1870.

Cette audace dans la forme n'avait pourtant pas été tout de suite confirmée par le contenu. L'enseignement de la section historique – la IVe, vouée aux sciences historiques et philosophiques – n'était pas très différent dans sa conception de celui de l'Ecole des Chartes. Outre la neuve et remarquable V^e^ section – celle des Sciences Religieuses, dans un esprit à la Renan – Victor Duruy avait prévu une VIe section pour les

Sciences Economiques et Sociales. C'était une telle innovation qu'on ne trouva pas suffisamment d'historiens pour y donner des cours et diriger des séminaires. Elle ne fut pas créée. Il fallut attendre 1947 pour que Lucien Febvre, professeur au Collège de France et président de la IVe section des Hautes Etudes, crée la VIe section, qui fit d'emblée sensation tout en soulevant de vives hostilités.

J'eus la chance de tomber dans ce contexte. Les premiers temps d'une révolution sont en général enthousiasmants et féconds. Ce fut le cas. Je participai à la vie des agrégatifs dans l'escalier et les petites salles d'une aile isolée de la Sorbonne, qui hébergeait les Hautes Etudes (jusqu'en 1968 où la IVe section la chassa). Et ce fut l'éblouissement. Je fus subjugué par deux grands historiens, Fernand Braudel et Maurice Lombard. J'appris qu'il y avait une histoire nouvelle et surtout que l'histoire dont je rêvais existait. Je sus que j'avais eu raison de vouloir « faire de l'histoire » et plus particulièrement de l'histoire médiévale. J'entrais dans un métier qui a été une des grandes joies de mon existence et qui l'est toujours.

On sait la phrase célèbre de Marc Bloch : « *L'historien est comme l'ogre de la fable, là où il sent de la chair humaine, il sait que là est sa proie* ». Les Annales m'apprirent ainsi que l'histoire découle d'une certaine manière de poser des problèmes aux documents et aux faits. Nous ne prenons rien tel quel : nous posons des questions à nos sources. En revanche celles-ci nous contraignent à la vigilance critique sur le fonctionnement de notre propre esprit.

De là naquit ce que l'on appela jadis la « Nouvelle Histoire » (qui n'est maintenant, bien sûr, plus si nouvelle que cela...). C'était une *novatio* – comme diraient, avec effroi, les clercs médiévaux qui faisaient du neuf en le cachant car l'Eglise ne l'aimait pas, estimant que le monde d'après le péché originel, était la proie d'un déclin constant. Cette *novatio* a marqué l'ensemble de la discipline. L'Histoire s'étendit à la vie privée, aux mœurs, aux mentalités, aux sensibilités etc. Je ne vais pas m'en plaindre. Je pense toutefois que l'Histoire des temps modernes (traditionnellement fixée de la « Renaissance » à la Révolution française) et, plus encore, celle du monde contemporain (après 1789...) – pour reprendre une périodisation peu convaincante – doivent repenser leur méthode, construire d'autres techniques d'approche. Adopter des *problématiques* différentes, pour user d'un vilain mot.

Vous doutez de ce que l'on appelle l'Histoire du Temps présent ?

Absolument pas. J'ai fait partie de ceux qui, au Centre national de la Recherche scientifique (CNRS), ont patronné l'Institut d'Histoire du Temps Présent (IHTP), dont l'influence est féconde, considérable et c'est un ami très proche qui en a été le premier et remarquable directeur, François Bédarida. Je m'interroge néanmoins sur cette notion, maintenant que le temps a passé, et que notre perception du « temps présent » a évolué.

Comprenez bien : l'histoire contemporaine reste un immense chantier, passionnant, riche d'enjeux. Il y faut toutefois une autre approche, ne serait-ce qu'à cause de l'engorgement et de la nature des sources. Là où je dispose de dizaines de documents, quelquefois sur plusieurs siècles, les historiens du Temps présent se confrontent, sur quelques décennies, à des centaines, des milliers, voire des dizaines de milliers de sources : écrites, sonores, iconographiques, architecturales, cadastrales, urbaines, etc. A ce point l'outil n'est plus adapté au terrain. Je ne dis pas qu'il serait impossible d'étudier le Temps présent. Je pense, une nouvelle fois, qu'il faut l'étudier autrement. Et donc repenser les règles. Quand le rapport aux documents change, l'historien change de période. Et puis le rapport de l'historien à ce passé proche qu'on appelle présent, est différent.

Pour écrire son *Histoire de la Révolution française* (1847-1853), Michelet – un demi-siècle après les faits – peut encore maîtriser ses archives, pourtant imposantes. A partir du XXe siècle, l'archive explose. De nouvelles pistes ont été ouvertes : constitution d'équipes, traitement quantitatif informatisé des données, changement d'angle, etc.

Ces techniques ne sont pas propres à l'histoire du Temps présent. Vous avez vous-même procédé de la sorte pour le Moyen Age.

Il s'agit d'un effet boomerang. Les médiévistes ont constaté qu'ils rencontraient parfois des difficultés comparables à celles que rencontrent les historiens du contemporain. Ils leur ont alors emprunté puisque le dialogue est constant entre spécialistes des diverses périodes.

Pendant longtemps, par exemple, on a négligé l'importante production de sermons, amassés au long du Moyen Age. En dépit de tout ce qui n'a pas été couché par écrit, et des nombreux manuscrits perdus, la quantité reste énorme. Le médiéviste s'en trouve submergé. Il lui faut ici trouver un mode de traitement adapté au quantitatif : étude statistique du vocabulaire, calcul des occurrences, répartition géographique, etc. Mais cela reste rare, pour la période, et s'applique surtout à l'histoire culturelle, voire à l'histoire des mentalités. En revanche pour l'économique ou le politique ce ne serait guère pertinent.

Avant le XIIe siècle, en effet, le Moyen Age ne compte pas ou, du moins, n'aime pas compter. Lorsqu'ils donnent des chiffres les hommes du Moyen Age procèdent par symboles : 3, 7, 12 et tous leurs multiples ou, quand on veut marquer le coup, mille, voire un million. L'histoire aujourd'hui encore, a été affolée par l'usage du terme *Millenium* emprunté au fatras de l'*Apocalypse* (justement dénoncée par Nietzsche et D. H. Lawrence[1]). *Millenium*, au Moyen Age, ne signifie pour-

1. F. Nietzsche, *L'Antéchrist*, 1888.
D. H. Lawrence, *Apocalypse*, trad. n^lle de l'anglais par Fanny Deleuze, présentation de Gilles Deleuze, éd. Desjonquères, 2002.

tant que « très longue période ». Mais cela suscite, depuis, des rêveries sur le millénarisme, spéculations sur la fin du monde. Exemple spectaculaire : les « terreurs » qu'aurait suscité l'approche de l'An Mil – idée typiquement... romantique[1].

Dans ces chiffres médiévaux, nous trouvons, au mieux, des ordres de grandeur. Les médiévaux voulaient dire que telle épidémie avait fait des ravages, que telle bataille avait été importante, etc. Si bien que les historiens ne travaillent guère, sauf exception, en usant du quantitatif. Nous nous heurtons même souvent à l'absence de documents ou au silence des textes. C'est une des limites de la médiévistique, une situation qui oblige à la faire avec des méthodes particulières.

Les paysans du Moyen Age n'écrivent pas. Ils n'apparaissent qu'indirectement dans nos sources, par ce qu'en disent les clercs. Or, plus de 80 % de l'Europe médiévale est paysanne. Pour les femmes qui, logiquement, représentent la moitié de la population, il n'en va guère mieux : elles n'ont pas laissé de manuscrits, sauf rares exceptions – ce qui ne veut pas dire, bien sûr, que les femmes et les paysans furent muets, inactifs et sans influence durant toute cette période ! Les historiens sont d'ailleurs capables de les faire parler, dans certaines limites.

Nous sommes encore des historiens du manque et des lacunes, plus proches en cela de nos confrères antiquisants ou préhistoriens que des « contemporanéistes ». Avec de grands efforts de méthode et de savants efforts d'imagination, nous pouvons toutefois faire parler ces lacunes. C'est une des tâches des médiévistes à venir que de faire parler les silences actuels du Moyen Age.

1. Dernière excellente mise au point, *L'attente des temps nouveaux. Eschatologie, millénarisme et visions du futur du Moyen Age au XXe siècle*. Turnhout, Brépols, 2002.

2

UN LONG MOYEN AGE

Tout médiéviste se pose nécessairement la question de *sa* période. Je n'ai pas échappé à la règle. Au début des années 1950, le découpage traditionnel faisait encore autorité : le Moyen Age — implicitement conçu comme occidental – commence en 476, et s'achève en 1492.

En 476, Odoacre, roi des Hérules, dépose le jeune Romulus Augustule, « empereur » tout formel d'Occident, alors âgé d'une quinzaine d'années. Les Hérules, lointains descendants de peuples scandinaves, vivaient au bord de la mer Noire. L'affaire de 476 semble, en fait, un épisode. Le véritable Empereur était d'abord celui de Byzance, Zénon. Il reste, en tant que tel, l'homme d'influence des intrigues régionales que sont alors les affaires romaines. Voici pour l'événement fondateur.

Passons à l'an 1492. Christophe Colomb découvre l'Amérique. L'Espagne chrétienne prend Grenade aux musulmans et parachève ainsi sa *reconquista*. Comme l'a dit Alphonse Allais : l'homme de 1492 savait-il en s'endormant le 31 décembre au soir du Moyen Age, qu'il se réveillerait le lendemain 1er janvier 1493 au matin de la Renaissance ?

J'ai déjà dit que, selon moi, un fait historique est toujours construit par l'historien. De même les périodes sont-elles, plus encore, construites. Rien ne nous signale qu'on entre dans une époque, ni qu'on en sort.

En tant qu'historien, j'hérite une périodisation, façonnée par le passé – mais je dois aussi m'interroger sur ces découpages artificiels du temps, parfois nuisibles à la bonne perception des phénomènes. Lorsque l'on voit se généraliser, sous Charlemagne, le codex et la minuscule caroline, nous ne sommes définitivement plus dans l'Antiquité. Cela n'empêche pas que certains traits de l'Antiquité persistent ailleurs dans d'autres pans de la même civilisation.

A l'inverse, des traits, pour nous médiévistes, affleurent déjà au cours de l'Antiquité *tardive*, que les historiens ont eu tendance, à juste titre selon moi, d'allonger depuis quelque temps, comme Henri Irénée Marrou l'avait proposé naguère. Cette précision : Antiquité *tardive*, me semble essentielle. On ne parle plus, désormais, de *Bas-Empire* – sous-entendu : décadent. Cela supposerait un Haut-Empire soi-disant plus « évolué », s'étendant d'Auguste jusqu'à Constantin. Comprenez : l'Empire aurait été « haut » avant sa christianisation par Constantin. Puis « bas » dès que le paganisme – le non-christianisme – reflue. Or, tout indique une puissance à son apogée, s'étendant de Constantin (début du IVe siècle) jusqu'à Justinien (VIe siècle), ce qui fait au moins 300 ans…

Je le dis tout de suite : je privilégie le couple continuité/tournant aux dépens de la notion de rupture. L'histoire se passe en continu. Une série de changements – qui souvent ne sont pas simultanés – marquent des évolutions. Quand un certain nombre de ces changements affectent des domaines aussi différents que l'économie, les mœurs, la politique ou les sciences ; quand ces changements finissent par interagir les uns avec les autres jusqu'à faire système, ou en tous cas nouveau paysage, alors, oui, nous pouvons parler d'un changement de période. Aucun changement, toutefois, ne se ramène à une seule date, un seul fait, un seul lieu, dans un seul domaine de l'activité humaine. Pour nous, Français, la Deuxième Guerre mondiale commence en 1939. Pour les Américains et les Russes, elle commence en 1941, mais pour les Tchèques ce serait plutôt 1938. De même, faisons-nous disparaître l'Ancien Régime politique en 1789. Idéologiquement, si je puis dire, il était sans doute mort depuis près d'un siècle, avec la chaude querelle du jansénisme. Culturellement, il persiste dans de larges pans du XIXe, ne serait-ce que par l'entreprise napoléonienne. François Furet a bien montré que la Révolution française se poursuivait pendant une bonne partie du XIXe siècle.

On n'emploie d'ailleurs plus les expressions comme Bas Empire ou Haut Moyen Age.

Les Basses-Alpes sont devenues Alpes de Haute-Provence, et les Basses-Pyrénées se nomment désormais Pyrénées-Atlantiques... Nous pouvons donc faire l'économie de cette spatialisation haut/bas, qui – en Histoire – n'est pas innocente. Elle renvoie d'ailleurs à un tour d'esprit très médiéval, pour qui le *haut* est l'ancien, le passé vénérable qui fait autorité, tandis que le *bas* est récent, imparfait, décadent. Pour un homme du Moyen Age, le temps présent résulte d'une longue dégringolade, loin des perfections du passé. Il faut donc revenir au Moyen Age lui-même pour mieux comprendre le paradoxe.

Le mot et la notion de « Moyen Age » apparaissent au XIVe siècle chez Pétrarque et chez les humanistes italiens. Ils parlent d'un *medium tempus* (âge du milieu) ou, au pluriel, de *media tempora*. On retrouve clairement cette idée de « milieu » en anglais avec *Middle Ages*, dans l'espagnol *Edad Media* ou dans le *Mittelalter* allemand – encore que les Allemands avec *Alter* introduisent, en plus de la notion d'âge, une connotation « vénérable »: le mot *alt* (ancien) induit un certain prestige. On observe, par contre, en français, l'évolution dépréciative du mot *moyen*. La connotation strictement formelle de « milieu » – intermédiaire – a presque disparu : on parle avec un certain mépris d'un résultat moyen, d'un spectacle moyen, d'un niveau moyen, etc.

Reconnaissons tout de suite en Pétrarque un esprit médiéval. Comme beaucoup d'humanistes, il veut retrouver l'Antiquité dans toute sa pureté, puisque l'Antiquité est l'âge « haut » dont les hommes n'ont, hélas, cessé de s'éloigner. Il a l'impression qu'une vraie Renaissance est en train de naître, que la chrétienté va voir la fin du tunnel médiéval. Et s'il veut retrouver ce vrai et grand passé, débarrassé des gloses accumulées au fil du temps, c'est aussi pour *réformer* une Eglise catholique, compromise dans le siècle, alourdie par la cité terrestre, trop éloignée de cette cité de Dieu, la *Civitas Dei,* que célébrait saint Augustin. Procéder à la réforme par un retour aux sources est une constante au Moyen Age. Déjà, en imposant la caroline, la révision des Ecritures, Charlemagne entendait réformer : revenir aux bons textes de l'Ecriture, aux sources non corrompues.

LA NOTION DE « RENAISSANCE »

Medium tempus*, donc. Age du milieu. Mais par rapport à quoi ?*

Par rapport à l'Antiquité, d'un côté. Par rapport au futur, de l'autre.

Les humanistes pensaient sortir d'une période sans nom, d'un *entre-deux*. Les savants des XIIIe et XIVe siècles jugent d'ailleurs – reprenant une théorie judaïque des Ages du Monde – que l'humanité se trouve précisément dans le sixième et dernier Age, terme d'un déclin continu. Certains disent même, contre toute évidence, que les hommes rapetissent et « vieillissent » : ils seraient nains par rapport aux « géants » des temps héroïques, intrinsèquement usés. D'autres allaient jusqu'à prétendre que nous naissions plus « vieux » que nos ancêtres.

Magnifier le passé posait toutefois question. L'Antiquité – du Moyen Age jusqu'au XVIIe siècle – tire sa valeur du

Christ, des apôtres et des Pères de l'Eglise. Elle est le temps de la fondation du christianisme. Mais elle est aussi le temps des dieux, des auteurs non chrétiens, des païens et des idolâtres. Cela ne gênait qu'en partie les chrétiens du Moyen Age. Car l'Antiquité s'était convertie : tous les grands auteurs gréco-romains annonçaient, en quelque sorte, la révélation à venir. Ils étaient des précurseurs – certes encore insuffisamment éclairés, mais *éclairés* tout de même. C'est pourquoi des personnalités comme Cicéron puis Aristote, lorsque celui-ci fut remis à l'honneur, faisaient référence sans qu'on y voie contradiction avec les Pères de l'Eglise. Saint Augustin, d'ailleurs, n'avait-il pas recyclé lui-même de manière éclatante les auteurs païens et le système des sept « arts libéraux » qui résumait la totalité du savoir ?

Reste le problème du futur. A quoi conduit cette période vague et incertaine, ce temps du milieu, que vivent les hommes du Moyen Age ? A une « renaissance », bien sûr. Ou plutôt, comme on va le voir, à *des* renaissances ! Cette renaissance, pour les humanistes, n'est pas un *retour* de l'Antiquité : elle nous éblouira, au contraire, comme une Antiquité *à venir* – un temps analogue à celui de l'Antiquité, mais pas la redite de l'Antiquité. Le christianisme y retrouverait enfin sa perfection première.

Dans l'Evangile, le pharisien Nicodème demande à Jésus : « *Comment un homme peut-il être engendré quand il est vieux ? Peut-il entrer une seconde fois au sein de sa mère et être engendré ?* » (Jean, chapitre 3). Jésus lui répond que cet homme de renaissance sera « *engendré d'eau et d'esprit* ». C'est une renaissance de ce type, une renaissance en esprit, qu'attendent les chrétiens du Moyen Age. De ce fait, ils se jugent incolores – pris entre deux époques colorées. Le Moyen Age pose ainsi lui-même les bases de sa dépréciation.

N'abusons pas des mots, cependant. Le « Moyen Age » n'existe pas avant la fin du XVIIe siècle et la « Renaissance » ne se constitue pleinement qu'au XIXe… C'est en 1676 que Christophe Cellarius (latinisation de Keller) publie à Iéna, en latin, une histoire médiévale. Au lieu de *medium tempus,* il emploie l'expression *medium aevum*, comme c'était devenu l'habitude. La nuance compte : *aevum,* « l'époque », remplace *tempus,* « le temps ». Quelques années plus tard, en 1688, Charles du Cange dans son *Glossarium* reprend une terminologie similaire. Cela se radicalise au XVIIIe siècle – ce siècle qui s'institue lui-même comme celui des Lumières, rejetant le Moyen Age dans l'obscurité. Les Anglais diront même *Dark ages,* « âges sombres ».

Le Moyen Age n'est plus, à compter du XVIIIe siècle, la période incolore que pensaient vivre les médiévaux, mais une période sombre, prise entre le passé resplendissant de l'Antiquité et le futur lumineux des Philosophes. C'est un temps creux, caractérisé par l'absence de la Raison et l'absence du goût. Le mot *gothique* – avant la réhabilitation faite par Walter Scott et Chateaubriand – devient synonyme de laideur, de bizarrerie, de maladresse... Cette dépréciation visait, bien sûr, l'Eglise. Voltaire le dit clairement dans son *Essai sur les mœurs* (1756) : obscurantisme clérical et Moyen Age sont une seule et même chose. Leibniz l'avait dit, avant lui.

On remarque, enfin, que le futur selon les Lumières ressemble peu à cette « renaissance » vague, proche de la fin du Temps, qu'envisageaient les médiévaux. Le futur s'inscrit désormais dans une perspective, celle du progrès. Histoire et progrès se confondront bientôt : ce sera l'enjeu du XIXe siècle, pour qui l'Histoire a un sens, tendue vers le mieux et le bon. Alors qu'au Moyen Age le seul progrès semble la fin de l'Histoire, la transfiguration, la sortie du Temps.

Cela dit, l'ambiguïté persiste. Quand les hommes de 1789 se veulent latins, quand ils se pensent romains et célèbrent l'Antiquité, ils reprennent des thèmes chers aux Lumières. Ils renouent aussi – plus qu'on ne le pense aujourd'hui, et plus qu'ils ne le pensaient alors – avec une tradition médiévale. Je ne citerai que l'aventure de Cola di Rienzo (1313-1354). Ce fils d'artisans, grand lecteur de Tite-Live, voulut instaurer une « république » à Rome, s'attirant la sympathie de Pétrarque et même, un temps, de la papauté qui se trouvait alors en Avignon. Il citait le droit romain, se référait à des textes de l'Antiquité, s'opposait aux *baroni romani*, les grands propriétaires fonciers, rêvait d'une rénovation universelle du christianisme.

Je n'entre pas dans le détail de sa « commune », indissociable de l'essor urbain propre à l'Italie du XIVᵉ siècle. C'est l'imaginaire qui m'intéresse. Et cet imaginaire, profondément médiéval, se réclame, lui aussi de l'Antiquité. Cola veut rétablir la vieille Rome pour que s'épanouisse la véritable Eglise. En 1841, le jeune Wagner chantera cet épisode dans son opéra *Rienzi*, intéressante conjonction d'esprit révolutionnaire « bourgeois », d'inquiétudes germaniques et de Moyen Age réinventé. Car le Moyen Age revit au XIXᵉ siècle, à la fois terrible et merveilleux, violent et familier. Fascinant. Ce qui n'est pas forcément un atout.

Pour nous, médiévistes, apparaît alors, en effet, un grand et fâcheux personnage : le Suisse allemand Jakob Burckhardt (1818-1897). Historien de l'art et de la civilisation, proche de Nietzsche, amoureux de la Grèce, Burckhardt – le premier – installe fermement la périodisation qui nous ligote encore. S'appuyant sur sa passion des Anciens, enthousiasmé par l'art italien du Quattrocento (notre XVᵉ siècle), il fait la théorie de la rupture. C'est lui qui invente la Renaissance, avec un grand R, l'isole du Moyen Age et tranche péremptoirement. Burckhardt joue de l'antithèse. Il oppose au temps des Ténèbres cette période – la Renaissance – qui n'était pas encore clairement circonscrite, ni datée. Sa *Civilisation de la Renaissance en Italie* (1860), grand livre au demeurant, crée un clivage décisif.

Un vieux mot médiéval, le mot « moderne » – qui signifiait « récent », « présent » – prend ainsi une valeur qu'avait effleurée au tournant du XVIIe au XVIIIe siècle la Querelle des Anciens et des Modernes. Etre « moderne » ce n'est plus seulement appartenir à la période actuelle, mais être meilleur, plus épanoui, à la pointe du progrès. On a donc cherché du moderne partout dans le passé, brouillant les cartes sans profit. (On a inventé ensuite le « postmoderne », mais c'est une autre histoire...). A partir de Burckhardt, le Moderne couronne l'évolution, il saute pardessus mille années d'errances (notre Moyen Age). Il marque le début des choses sérieuses, de la civilisation pleine et entière, avec ses progrès, sa Raison, son savoir incomparable, etc.

Antiquité poursuivie par d'autres moyens, le Moderne, comme par hasard, représente la fin de l'Histoire. Les Européens n'ont désormais qu'à perfectionner les découvertes « modernes » et parachever leur système politique, évidemment universel. C'est le goût des années 1860-1880 : un mélange d'éclectisme néoclassique et de modèles censément italiens. Il semble alors indépassable.

Je ne conteste pas la stature intellectuelle de Burckhardt, ni son érudition, ni ses qualités de méthode. Je tiens néanmoins son succès pour une catastrophe. Non seulement, il confirme l'idée d'un Moyen Age noir, mais il accorde une importance exemplaire à une région : l'Italie, certes brillante, certes souvent culturellement en avance, mais qui a suivi très en retard l'évolution politique. Il brouille, de ce fait, la perception européenne qu'il faudrait toujours avoir du Moyen Age. De nombreux contre-exemples peuvent s'opposer à sa thèse. L'idée persiste néanmoins dans les esprits qu'il existerait une zone « avancée » et des zones « retardataires », qu'il y aurait un équilibre achevé, un idéal indépassable, etc.

Cette vision de l'Histoire selon Burckhardt correspond, bien sûr, aux attentes de la culture germanique du XIXe siècle : la Grèce divisée mais géniale, l'Italie morcelée mais géniale, annonçaient une Allemagne géniale, de la

Prusse à l'Autriche, surmontant ses divisions, nouvelle Rome et nouvelle Athènes. N'oublions pas que le Saint-Empire romain germanique ne disparaît qu'en 1806, à peine un demi-siècle avant l'entreprise de Burckhardt. Burckhardt pousse l'Allemagne et l'Europe vers le sud, lui inspirant une nostalgie (*Sehnsucht nach Süden*) lourde de déséquilibres.

Disons-le d'ailleurs tout de suite : Burckhardt, avec génie, ne faisait qu'ériger en système un mouvement général, celui de la recherche passionnée des origines, de la passion pour l'Histoire fondement du nationalisme. Les bourgeoisies nationales européennes s'éloignent de l'Antiquité qui les ont longtemps fascinées, font passer au second plan le culte éphémère d'un Moyen Age imaginaire proposé par le romantisme, et trouvent dans l'Histoire le récit fondateur de la nation et la légitimation de son éventuelle prééminence. Beaucoup, finalement, choisissent comme an zéro la Renaissance : Luther en Allemagne, la Réformation en Angleterre…

C'est très clair, en France, avec Michelet. Après s'être longuement promené dans un Moyen Age qui l'enthousiasme et l'attendrit, parce qu'il y trouve le vrai peuple en la personne de Jeanne d'Arc ou de Jacques Bonhomme – paysan imaginaire, symbolique –, Michelet préface en 1869 le tome VII de son *Histoire de France* dans un tout autre esprit. Rupture violente avec le premier romantisme. Il n'y a rien de vraiment bon, dit-il, avant la Renaissance, aurore des temps présents, que symbolisent deux géants : Rabelais et Luther.[1]

---

1. J'ai essayé de montrer dans mon article « Les Moyen Age de Michelet » publié dans le tome I de *l'Histoire de France* édité dans les *Œuvres complètes* par Paul Viallaneix, Paris, Flammarion, 1974, p.45-63 – texte repris dans J. LE GOFF, *Pour un autre Moyen Age*, Gallimard, 1977, p. 19-45 – que Michelet était passé d'une conception du « beau Moyen Age en 1833-1844 » à une conception du « Moyen Age sombre de 1855 » qui s'exprime encore dans la célèbre Préface de 1869 à *l'Histoire de France*.

Si le XIXe siècle s'est penché sur le Moyen Age avec plus d'intérêt que ne l'ont fait le XVIIe et le XVIIIe, il n'en a donc produit – sauf cas isolés – qu'une réhabilitation relative. Le Moyen Age devient un folklore, une sorte d'enfance de la nation, heureusement passée à l'âge adulte avec la Renaissance. A chaque nation, ensuite, de montrer qu'elle était la nouvelle Italie, le comble du moderne, etc. En ces temps d'expansion coloniale, l'image de l'*indigène* se construit. Dans cette optique, les Africains perpétueraient de manière immémoriale les primitifs. Les Arabes et les Asiatiques se voient appliquer, pour leur part, toutes sortes de métaphores moyenâgeuses, notamment le vocabulaire de la chevalerie et de la féodalité. En colonisant ces primitifs et ces féodaux, nous leur apportons les Lumières et nous les tirons de leur long sommeil médiéval…

Un millénaire et ses périodes

La périodisation que nous pratiquons encore (476-1492) est donc assez récente.

Elle nous vient du XIXe. Elle répond aux besoins d'un enseignement scolaire et universitaire en expansion. A cet enseignement, il faut des dates, des cadres, des repères. On veut structurer – ce qui n'est pas un mal. Mais cette structuration n'est jamais innocente. La grande affaire fut alors moins de dater la fin de l'Antiquité que de savoir où arrêter le Moyen Age et quand faire commencer, avec la Renaissance, le monde moderne.

Beaucoup penchèrent pour 1453, chute de Byzance, fin de l'Empire romain, bien que les Européens du XVe siècle n'aient pas, sauf exception, vécu l'affaire comme un traumatisme. Mais cela permettait d'équilibrer la date de 476. A la fin de l'Empire d'Occident, d'où sort le Moyen Age, répondrait ainsi la fin de l'Empire d'Orient d'où sort… la

Renaissance ! La chute de Byzance, en effet, pousse vers l'Europe plusieurs savants, imprégnés de culture grecque. Ils nous apportent la Grèce. Nous en devenons les héritiers. Le tour est joué. Ce passage de témoin permet de faire l'économie du Moyen Age. Les modernes reçoivent la Grèce en direct, sans le devoir aux clercs du Moyen Age qui l'ont, en effet, peu pratiquée. La Grèce devient ainsi l'Antiquité par excellence.

Ces distinguos se retrouvent dans les idées préconçues accompagnant l'apprentissage des « langues mortes ». Le Moyen Age était avant tout latin : on tint donc pour rustaude la culture latine, surtout le latin dit « d'Eglise ». Le bon latin est celui qui va de Cicéron à Tacite, c'est-à-dire du Ier siècle avant notre ère jusqu'au IIe de notre ère. Après, cette langue entrerait, dit-on, en décadence. Cela permet d'éliminer la plupart des auteurs – notamment les Pères – qui nourrirent les études médiévales. En revanche, le grec, remis à l'honneur par les humanistes est raffiné, subtil, audacieux. Il y a d'un côté le latin de cuisine ânonné par les curés, de l'autre le grec aristocratique pratiqué par les esprits libres… Contentons-nous de rappeler ce qu'ont si bien montré des historiens tels qu'Henri-Irénée Marrou, Paul Veyne ou Peter Brown : dès la fin de la République romaine, la culture méditerranéenne est toute entière hellénistique. C'est une culture foncièrement bilingue : on ne peut opposer pensée latine et pensée grecque.

Le XVe siècle bénéficie également du prestige de l'imprimerie. Mise au point par Gutenberg (v. 1400-1468), celle-ci voit sa création arbitrairement fixée à l'an 1450. Le personnage jouit d'une forte réputation en Allemagne. Imprimer la Bible peu avant que Luther fasse de celle-ci, dans sa traduction, le livre fondateur de la langue allemande, voilà qui donne le beau rôle à l'aire germanique.

Finalement, un accord se dessine sur 1492. Découverte par un Italien au service de l'Espagne, l'Amérique couronne le dynamisme de l'Occident. Les Etats-Unis, eux-mêmes, devenus grande puissance au XIXe siècle, sont sensibles à ce thème. La fin du royaume musulman de Grenade, cette même année 1492, fournit une bonne conjonction, en des temps où l'islam semble à l'Europe impérialiste un conservatoire d'habitudes « moyenâgeuses ». Les Français y trouvent, de surcroît, leur compte puisque c'est en 1492 que Charles VIII inaugure les guerres d'Italie – cette fameuse Italie dont on sait l'importance pour Burckhardt.

Cette périodisation est perturbante. Si l'on cherche en Italie, par exemple, des œuvres d'art, des mouvements intellectuels ou des monuments qui rompent d'un coup avec le Moyen Age on n'en trouve pas, ou plutôt on en trouve dès le XIIIe siècle. Les chaires de Nicolao Pisano, père et fils (1260-1310), les portes du baptistère de Florence au début du XVe siècle, Pétrarque (1304-1374), la coupole du dôme de Florence de Brunelleschi (1420-1436), est-ce Moyen Age, est-ce Renaissance ? Si l'on examine la culture des Conquistadores et la christianisation des « Indiens », c'est encore le Moyen Age que nous trouvons. Et les fameuses guerres d'Italie elles-mêmes n'innovent pas du point de vue militaire. Les techniques et les stratégies sont celles du Moyen Age. Une évolution ne se dessine qu'à partir des années 1520-1530. J'ai même entendu un spécialiste d'histoire militaire affirmer que le chef de guerre Wallenstein (1583-1634), l'un des acteurs de la guerre de Trente Ans, était le dernier grand capitaine du Moyen Age !

Bref, nous y revenons : les changements ne se font jamais d'un coup, dans tous les secteurs et dans un seul lieu. Voici pourquoi j'ai parlé d'un *long Moyen Age,* un Moyen Age qui – dans certains aspects de notre civilisation – perdure et, parfois, s'épanouit bien au-delà des dates officielles. De même en économie, ne peut-on parler de marché avant la fin du XVIIIe siècle. L'économie rurale n'est capable de faire disparaître la famine qu'au XIXe siècle (sauf en Russie). Le vocabulaire de la politique et de l'économie ne change définitivement — signe du changement des institutions, des modes de production et des mentalités qui correspondent à ces changements — qu'avec la Révolution française et la Révolution industrielle. C'est aussi le moment de l'aboutissement de la construction d'une science qui n'est plus médiévale (Galilée, Harvey, Newton, etc...)

La Renaissance est votre ennemie ?

La Renaissance comme machine à saucissonner l'Histoire, oui. La Renaissance comme moment de civilisation, non, bien sûr que non ! Au contraire, depuis les travaux d'Erwin Panofsky (1892-1968) – *Renaissance and renascenses in Western Art* (1960) – tous les historiens admettent qu'il n'y a pas *une* Renaissance mais *des* Renaissances, et que la logique même de « renaissance » est indissociable de l'histoire médiévale. On ne comprendra pas le Moyen Age si l'on n'intègre pas l'idée de *renaissances* successives, et de *réformes* successives – ce sont des demandes constantes, au moins depuis le temps de Charlemagne ! La Réforme selon Luther s'inscrit dans une longue suite de réformes.

Le Moyen Age s'étendrait sur plus d'un millénaire. Comment établir une périodisation à l'intérieur de ces mille ans ?

Le Moyen Age a été dynamique, fortement créateur. Mais il ne le dit pas. Si nos sociétés qualifient volontiers d'« historiques » les moindres changements (un score de football, une baisse en Bourse), le Moyen Age évite absolument de célébrer les nouveautés. Au contraire, dans l'Eglise – et l'Eglise embrasse alors toute la vie intellectuelle – le mot de *novitas,* nouveauté, remplit de crainte et d'hostilité celui qui l'entend. Dire d'un auteur qu'il est *nouveau,* c'est le condamner : autant le taxer d'hérésie malfaisante. Les créateurs, nombreux au Moyen Age, récusent ce soupçon. Ils affirment être les imitateurs d'autorités vénérables.

Ils reprennent, disent-ils, des idées anciennes, en nettoient la poussière et les font *renaître*.

Saint Thomas d'Aquin, immense inventeur d'idées, aurait été scandalisé de se voir célébré comme novateur. Il ne faisait, selon lui, que revenir aux sources. Nouveau, *novus*, c'est apocalyptique, seuls quelques audacieux, quelques provocateurs, se réclament de la nouveauté entendue de façon positive. Ainsi, les premiers frères Mendiants, Dominicains et Franciscains au début du XIIIe siècle. La vie officielle de saint Dominique abonde de *novus, novitas*, etc. C'est donc – suivant les exemples d'Etienne Gilson et d'Erwin Panofski – en repérant des *renaissances* qu'il faut ici périodiser.

La première de ces renaissances est, à l'évidence, la Renaissance carolingienne (fin du VIIIe siècle- IXe siècle). Elle fut signalée assez tôt par des historiens tels que Jean-Jacques Ampère (1800-1864), le fils du célèbre physicien, dans son *Histoire littéraire de la France sous Charlemagne* (1839). Parallèlement, les Allemands, à la même époque, commençaient à publier méthodiquement les documents. Des deux côtés du Rhin, il y eut peut-être même exagération de ce moment carolingien, pour des raisons nationales : Charlemagne est-il français ou allemand ? La question n'a, pour nous, guère de sens. Elle était alors, au XIXe siècle, importante ; plus encore sans doute, pour les Allemands : germaniser Charlemagne permettait de centrer sur l'Allemagne la première Renaissance.

Nous l'avons vu, toutefois, le temps de Charlemagne – caractérisé par la recherche d'une édition authentique de la Bible et par la réforme de l'écriture – pose les fondements d'une civilisation. Nous trouvons l'exégèse, d'une part. De l'autre, l'art de lire et d'écrire. Le Moyen Age sera le temps du Livre et des livres. Cela suscite un autre bouleversement, dont les historiens ne mesurent qu'aujourd'hui les effets : le statut de l'image change. Celle-ci reflète le rapport qui s'instaure désormais avec le Livre et les livres.

On sait la grave crise qui déchira par deux fois l'Empire byzantin : l'*iconoclasme*, la destruction des images, devint doctrine religieuse officielle entre 730 et 787, puis entre 815 et 843. Il ne s'agit en rien d'une querelle « byzantine », spécieuse et sophistique, mais d'une révolution culturelle, suivie d'une contre-révolution, prenant parfois l'aspect d'une guerre civile, entraînant la dissidence de régions entières.

L'Occident, grâce à Charlemagne, son entourage et ses prélats, en fait l'économie. Charlemagne ne prend pas parti pour ou contre la vénération des images. Il refuse d'entrer dans le débat sur l'*aniconie* – l'interdit de la représentation. Il prône la théorie du *ni-ni*, pour reprendre une formule qui eut son succès : ni proscription des images, ni vénération. Il s'appuie sur une tradition venue du pape Grégoire le Grand (v. 540-604), dont la *Lettre à Serenus de Marseille* justifiait le rôle des images. Ses théologiens se méprennent de surcroît sur la traduction des actes du concile que réunit en 787 à Nicée l'impératrice Irène pour justifier le culte des icônes. C'est donc de façon partiellement involontaire qu'une position originale se dessine. Quoi qu'il en soit, l'image se trouve dédramatisée, autorisée.

Evitant la querelle, Charlemagne exclut toute empoignade sur la fonction liturgique des images. Celles-ci, pense-t-on, sont des intermédiaires entre l'homme et Dieu. Donner à Dieu une figure n'a rien de païen, ni d'idolâtre. Il s'agit d'un acte de dévotion, non de culte. Tout cela distingue l'Occident de Byzance. Mais l'Occident se distingue aussi des deux religions aniconiques – judaïsme, islam – en présentant les images comme un instrument de salut. L'image n'est pas plus qu'un instrument. Pas moins. Le christianisme « romain » se démarque dès lors, à la fois, du judaïsme, de l'islam et du christianisme « grec ». Il place le débat ailleurs. En dehors de quelques crises isolées, il n'y aura pas de controverse sur les images jusqu'à la Réforme luthérienne.

L'art occidental, qui accorde une place centrale à l'homme et à la figure humaine, naît de ce choix.

L'adoption des images, enfin, joue un grand rôle dans le développement d'un culte fondamental: celui de la Vierge Marie. Celle-ci entre dans la piété de manière jusqu'alors inédite car elle est présente dans la Passion du Christ – la représentation de la Passion étant elle-même favorisée dans toutes les couches de la société par la diffusion du crucifix.

Ces images habituent les fidèles à voir Dieu sous forme humaine. Ce qui découle très logiquement du dogme de l'Incarnation, central dans le christianisme: Dieu s'est fait Homme, il a vécu parmi nous.

Mais il faut bien comprendre que l'image, ici, précède souvent la réflexion théorique. La piété s'exprime d'abord par l'image, ensuite par le discours. Picasso disait: je ne cherche pas, je trouve. Il en va de même à ce moment capital. On trouve par l'image. Les discours théologiques cherchent ensuite. Les images précèdent souvent les développements que proposent les clercs. En faisant voir les textes bibliques, elles induisent et anticipent le commentaire qui se déploiera.

Faut-il rappeler l'importance du fameux récit de la Genèse, où l'Homme est créé *à l'image* de Dieu? « *Faciamus hominem ad imaginem et similitudinem nostram* », dit le texte latin de la Vulgate, qui est alors la référence: « Faisons l'Homme à notre image et à notre ressemblance ». L'image représente, exprime, la piété des fidèles. Elle leur donne l'intuition de ce que les raisonnements préciseront ensuite.

Après la Renaissance carolingienne, en voici une seconde: celle du XIIe siècle.

A vrai dire, une fois que la notion de renaissance fut admise, certains médiévistes en ont vu partout, tant l'aspiration à la renaissance, à la réforme, est constante au Moyen Age. Néanmoins, pour que la périodisation reste opératoire

– sinon cela ne sert à rien de périodiser – des choix s'imposent, quitte à ce qu'ils schématisent, comme toujours, ces évolutions souvent plus subtiles. Le grand médiéviste italo-américain Roberto Sabbatino Lopez, a posé naguère la question : « le Xe siècle, encore une Renaissance ? » (*The Tenth Century, still another Renaissance ?*).

Il s'agissait en fait pour lui de poser la question du « décollage » de l'Occident aux alentours de l'An Mil, question qui a récemment suscité d'oiseuses discussions. Il ne s'est rien passé en l'An Mille mais, comme Georges Duby l'a bien montré, la période 980-1040 est un moment d'effervescence décisif du domaine économique et social (essor des défrichements, du chevalier, des châteaux, du village et bientôt de la seigneurie), du domaine spirituel (mouvement de la paix de Dieu, construction d'églises, mythe de Jérusalem préparant la croisade). On peut donc s'en tenir aux analyses qui furent celles, en 1927, de l'Américain Charles Homer Haskins, et qui firent ensuite l'objet de nombreuses autres recherches. Haskins introduisait l'idée d'une seconde Renaissance, au XIIe siècle.

Cette Renaissance est bien plus importante, plus profonde, que la Renaissance carolingienne. Elle touche l'ensemble du savoir : la philosophie et la théologie. Elle confirme un retour massif aux ouvrages de l'Antiquité latine – l'Antiquité grecque demeurant encore longtemps ignorée, à l'exception notable d'Aristote qui est partiellement redécouvert au XIIe siècle – le grand moment de sa redécouverte à travers les Arabes, étant le XIIIe siècle, dans des traductions latines.

Le changement s'inscrit matériellement dans la vie sociale. On observe partout l'éclosion d'écoles urbaines qui, face aux anciennes écoles monastiques, s'imposent comme écoles laïques. On voit aussi se construire, parallèlement aux couvents, des corporations universitaires. Quand je dis « laïque », comprenez bien sûr ce mot au sens chrétien : les laïques sont des membres de l'Eglise non engagés dans le sacerdoce. L'idée de n'être pas d'Eglise n'effleure alors personne!

A cette époque naît aussi une littérature originale – je dirais même: *la* littérature au sens occidental du terme. Le mot *littérature* apparaît d'ailleurs au XIIe siècle. Cette littérature est d'abord poétique; elle diffuse l'idéologie courtoise, chevaleresque. Mais un genre inédit s'affirme, qu'on ne trouve pas dans la tradition gréco-romaine: le roman. Il existe bien sûr plusieurs grands textes narratifs, issus de la tradition hellénistique, désignés depuis comme des romans (*L'Ane d'Or* d'Apulée, *Les Ethiopiques* d'Héliodore, etc.). Ces œuvres n'ont rien à voir avec le *roman* tel qu'il se diffuse alors: un texte de fiction utilisant la langue courante, par opposition au latin. Son contenu est le plus souvent profane, « laïque ». On connaît la postérité d'un Chrétien de Troyes (v.1135-v.1183)... Les chansons de geste, épiques, s'étaient construites autour de l'image de Charlemagne, les romans courtois le sont autour de l'image d'un roi imaginaire, Arthur.

1215 : Latran IV, le concile capital

Que faut-il entendre par « laïque »?

Le mot désigne, au Moyen Age, les chrétiens non ordonnés ni consacrés par l'Eglise, par opposition aux « clercs ». Cette répartition des pouvoirs reprend une dialectique aussi vieille que l'enseignement de Jésus: « *Rendez à César ce qui est à César, et à Dieu ce qui est à Dieu* ».

D'un côté l'Eglise. De l'autre, les pouvoirs laïques, notamment celui de l'Empire romain-germanique, héritier partiel de Charlemagne. Ces deux pouvoirs sont distincts, mais s'affrontent vivement pour assurer la prééminence de l'un sur l'autre. Aussi l'aspiration à la *réforme* de l'Eglise répond-elle à une vieille exigence: affranchir l'Eglise de son inféodation au temporel. Ce mouvement prend une importance exceptionnelle avec la *réforme grégorienne*, que symbolise Grégoire VII, pape de 1073 à 1085. Réforme qui se réalise tout au long du XIIe siècle.

Grégoire, selon l'usage, entend purifier l'Eglise de ses compromissions avec l'argent et de ses diverses « impuretés », notamment la garder de la souillure des liquides impurs : le sperme et le sang – le célibat souvent violé par les clercs leur est définitivement imposé et l'activité guerrière leur est fermement interdite. Pour lui, ce retour à l'idéal doit affranchir l'Eglise des pouvoirs temporels, afin que la Papauté exerce pleinement le pouvoir spirituel – ce qui s'accompagne, bien sûr, d'une ambiguïté : quand le pape insiste sur la nécessaire distinction entre Dieu et César, il compte bien hausser l'Eglise au-dessus de César. Elle incarnerait ainsi le véritable pouvoir, soustraitant la gestion temporelle au pouvoir subordonné, moins éminent, des laïques réduits au rôle de « bras séculier ».

Les conséquences sociales sont fortes : tout le monde est appelé à se réformer, laïques inclus. Ceux-ci restent certes, par rapport au clergé, des chrétiens de seconde classe. Ils en avaient l'habitude. Ils y consentaient depuis que la vie monastique avait imposé son prestige, au long des VIIe et VIIIe siècles, fixant comme valeurs ultimes le retrait du monde, le célibat, la chasteté et la pauvreté. La réforme grégorienne maintient les laïques un cran au-dessous. Elle leur donne pourtant une dignité nouvelle. Ils deviennent des chrétiens à part entière dont les devoirs et la responsabilité vont croissant, en tant qu'interlocuteurs clairement définis face aux clercs. L'essentiel pour la civilisation occidentale fut que l'Europe échappa à la théocratie et permit l'établissement d'une laïcité coexistant avec la pratique religieuse.

Une série de conciles « œcuméniques » – européens, en fait, puisque le contact est perdu avec les Eglises orientales – aboutit au quatrième concile du Latran, dit Latran IV (1215), le concile capital. Tenu à Rome, siège d'une Papauté qui a pris la tête de l'Occident, Latran IV bouleverse la vie quotidienne et spirituelle des laïques.

Les Pères conciliaires instaurent la pratique annuelle de la confession auriculaire pour tous les chrétiens de plus de 14 ans. Ils promeuvent aussi le mariage en imposant le consentement mutuel et la publication des bans. Si bien que le mariage jusqu'alors déprécié, abandonné aux diverses tractations claniques devient une institution vraiment chrétienne, un idéal de vie. Ils condamnent aussi l'hérésie, l'usure et les Juifs. Le Concile est représentatif d'un moment historique où l'Eglise soutient le grand essor de la chrétienté du XIe au XIIIe siècle, mais aussi encourage le mouvement de répression qui veut garder la pureté de la Réforme (condamnation des hérétiques, des Juifs, des homosexuels, des lépreux). Il permet l'Inquisition.

On n'insistera jamais assez sur la révolution qu'introduit la confession obligatoire *auriculaire* : une confession dite individuellement à l'oreille du prêtre, et couverte par le secret. Cela rompait avec les confessions publiques, rares, nécessairement spectaculaires et touchant exclusivement aux actes publics.

Il s'agit maintenant d'entrer en soi-même, de faire son *examen de conscience*. Un espace intérieur s'étend, qui sera celui de la psychologie puis de la psychanalyse. Un jour, rencontrant Michel Foucault à la bibliothèque parisienne des Dominicains du Saulchoir, nous avons discuté avec passion de Latran IV. J'ai même risqué une formule : « La psychanalyse a couché horizontalement le confessionnal ; le confessionnal est devenu le divan ».

Ma formule était inexacte, je l'avoue, puisque le confessionnal n'apparaît sous forme de meuble qu'au XVIe siècle. Jusque-là, on se confessait à l'écart, assis près du prêtre, exactement comme on le voit encore dans les grandes manifestations publiques de l'Eglise d'aujourd'hui : pèlerinages, JMJ, etc. Je maintiens toutefois l'idée d'une affirmation verticale : la confession unit le haut et le bas, l'ailleurs et l'ici. Elle s'intéresse moins aux actes qu'aux *intentions* menant à l'acte. Les conséquences sont considérables.

*La Renaissance des XV*ᵉ *– XVI*ᵉ *siècles, telle que nous la définissons, n'est donc que la troisième…*

Je considère la « grande » Renaissance, vous l'avez compris, comme l'une des renaissances médiévales. Il en va de même pour cette réforme que fut la Réforme protestante. La grande question est de savoir quand cette Renaissance devient autre chose, et quand le Moyen Age, en effet, s'achève. Comme je le disais, il ne faut pas chercher un moment, ni une grande date, mais une *série* de moments. Il n'y a pas *une* fin du Moyen Age. J'ai dit plus haut mon sentiment. Je voudrais revenir un instant sur le XVIᵉ siècle, grande Renaissance médiévale.

Politiquement, on peut penser que le Moyen Age s'achève au cours des guerres de Religion. Le principe célèbre : *Cujus regio, ejus religio* (à lieu-dit, religion-dite), ne fait, certes, qu'entériner une habitude médiévale. Un lieu, un seigneur, des coutumes. En un temps où Rome, malgré ses prétentions, est lointaine, le prince et les évêques fixent un certain nombre d'usages. Je dirais même que la séparation du christianisme en deux ensembles (les Réformés et les Romains) blesse l'homme médiéval, mais ne le surprend pas : on a déjà connu deux ou trois papes concomitants, des royaumes excommuniés, des guerres contre le pape, etc. Pas de vraie rupture, donc, de ce point de vue, même si nous savons qu'il s'agit d'un clivage définitif.

En revanche, un mot apparaît : celui de *religion*. Il est absolument étranger au Moyen Age. Tout était religion. Le terme était restreint à la signification d'ordre religieux : « entrer en religion » signifiait professer des voeux monastiques. Le grand économiste américain Karl

Polanyi (1886-1964) a montré par exemple que l'économie des sociétés « primitives » jusqu'à l'époque moderne n'existait pas de façon indépendante mais était « encastrée dans ce que nous appelons religion » (voir chapitre 3, p.7).

L'acception actuelle du mot remonte au XVIe siècle. Cette émergence du concept de *religion* marque – elle – une véritable rupture, puisqu'elle invite à se penser éventuellement hors de la religion, considérée comme un phénomène sinon relatif, du moins mis à distance. On peut « choisir ».

En tant que « vision du monde », le Moyen Age persiste au contraire dans les deux camps. Il ne se défait qu'avec l'essor de l'esprit scientifique, à partir de Copernic (1473-1543) et jusqu'à Newton (1642-1727). Si l'on considère, enfin, la technologie et la vie sociale, le Moyen Age dure jusqu'au XVIIIe siècle. Il cède alors progressivement place à la révolution industrielle, quand s'accentue la rupture avec l'économie rurale. L'émergence de la notion de marché, la prise de conscience de phénomènes spécifiquement économiques annoncent un basculement. Jusque-là, l'économie répondait d'abord à des questions morales : comment penser la richesse et la pauvreté ? Au XVIIIe, elle trouve son autonomie. Elle devient un instrument, qui veut devenir cause et finalité.

Reste un dernier problème : celui de l'Italie. Traditionnellement, depuis Burckhardt – nous l'avons vu – la Renaissance se confond presque avec l'Italie. Cela ne me satisfait pas. L'Italie est, certes, le lieu où se réalise l'excellence de chaque période médiévale. Mais elle est aussi le lieu qui tranche constamment avec cette civilisation, produisant des exceptions de taille.

Excellence au Moyen Age : la réussite de l'essor urbain, le dynamisme du mouvement religieux, l'éclosion de géants comme Dante (1265-1321) ou Giotto (v. 1266-1337)… Exception au Moyen Age : l'absence de monarchie, l'absence d'un véritable art gothique ; et, surtout, le morcellement des villes, l'étrange structure des guerres intestines.

Il y a quelque chose d'anachronique à étudier *une* Italie médiévale. C'est une notion abstraite, fabriquée après coup. Il s'agit *des* Italies, au pluriel.

Les mêmes interrogations pèsent sur la Renaissance italienne. Dans la Péninsule, le XVe siècle semble souvent atypique : je ne citerai que le cas de Machiavel (1469-1527). Le Florentin est médiéval, par bien des points ; presque plus que les Italiens de son temps. Par d'autres points, il enjambe son époque, et se meut déjà dans la question politique du « prince » et de l'absolutisme, telle qu'elle se pose au XVIIe siècle.

Après avoir placé l'Italie au cœur du Moyen Age puis de la Renaissance, il serait absurde de l'en exclure. Je veux simplement rappeler combien il est difficile de modéliser le cas italien, et de mesurer à son aune l'ensemble de l'Europe.

Difficile de terminer le Moyen Age. Mais quand commence-t-il ? Nous en étions restés à Romulus Augustule, Odoacre et 476...

L'idée d'une fin brutale de l'Antiquité gréco-romaine a été fort heureusement abandonnée. On parle d'Antiquité *tardive.* Cette grande période, encore impériale, mène au Moyen Age occidental, certes, mais également aux civilisations de l'Orient byzantin et de l'islam – qu'il faut peut-être cesser de désigner comme médiévales. Car il ne suffit pas d'une chronologie (VIe siècle-XVe siècle) pour parler de « Moyen Age » dès lors que nous quittons l'Occident. L'Arabie médiévale, l'Inde médiévale, le Japon médiéval ne sont pas toujours des notions pertinentes. Par rapport à quelle périodisation peut-on parler de « Moyen Age » en Islam, en Inde, au Japon ? Il y a là une extension abusive d'un point de vue occidental. Quant à l'Amérique : qui étudierait les Aztèques sous l'angle du Moyen Age ? Mais la périodisation occidentale qui a produit le Moyen Age a jusqu'ici été assez généralement acceptée.

Il existe jusqu'à la fin de l'Antiquité tardive une culture propre à toute la Méditerranée. Là-dessus s'édifièrent ensuite – sans tout effacer – d'autres entités géopolitiques. Certaines sont liées au continent européen : ainsi de notre Moyen Age, qui n'a rien d'universel. D'autres se lient à l'Arabie ou à l'Afrique du Nord : ainsi de la conquête musulmane. D'autres, encore, interagissent avec l'Asie centrale : ainsi des phénomènes turcs et mongols, musulmans mais si peu arabes. Ainsi également de Byzance, dont le relais sera bientôt la Russie.

Concernant l'Europe, on oubliera Romulus Augustule. Il n'est pas significatif. On se gardera aussi de l'image – non moins idéologique – des « Grandes Invasions ». Auguste et Tibère repoussent déjà les « envahisseurs » : ils appartiennent sans conteste, à l'Antiquité. La Grèce antique avait combattu les « barbares » terme qu'elle a inventé avec le succès que l'on sait. Charlemagne guerroie lui aussi contre les « envahisseurs » du Sud ou du Nord. Il se situe pourtant, d'évidence, dans la culture médiévale. Le changement, pour nous, tient à la christianisation : elle se fait peu à peu, de l'intérieur. L'Empire se christianise, puis christianise ses envahisseurs, même s'il disparaît lui-même dans la nouvelle configuration. En revanche, pour le Moyen et le Proche-Orient, le changement naît de l'islamisation. Celle-ci, progressive, vient de l'extérieur : de l'Arabie.

Le Moyen Age occidental n'est pas programmé. Il naît d'une acculturation où se confondent peu à peu les usages gréco-romains et ceux des « barbares ». Il naît aussi de la confrontation avec l'islam. A l'origine, en effet, rien ne prédisposait l'Empire d'Occident – qui englobait l'Afrique du Nord – à devenir « européen ». De la conquête musulmane en Espagne (VIIIe siècle) jusqu'à l'hégémonie ottomane dans les Balkans (XIVe siècle), l'Occident ne se conçoit pas lui-même comme entité géopolitique. Il ne se structure que par son existence face à un monde perçu comme hostile.

Votre périodisation suppose un temps long : le Moyen Age compte plus de mille ans, on l'a dit. A l'intérieur de ce temps long, on trouve cependant des périodes plus courtes : deux cents ou trois cents ans d'une Renaissance à l'autre. Plus l'on s'approche du temps présent, plus les périodes semblent courtes : on va de la Révolution (1789) jusqu'à la fin de l'Empire (1815), de la Restauration jusqu'à la Révolution de 1848 ou, pour certains, jusqu'à la chute du Second Empire (1870), etc. Cette périodisation ne concerne, de surcroît, que la France. Plus le passé se rapproche plus les périodes s'amenuisent…

C'est le paradoxe, en effet.

Nous multiplions les périodes pour le temps récent, comme si cela nous permettait de le maîtriser, d'en proposer une lecture. La tendance serait, ici, au concept équivoque de « génération ». La génération de la guerre (sous-entendu, la Deuxième), la génération du « baby boom », la génération de 1968… Ce qui représente des périodes de vingt ou vingt-cinq ans, environ. C'est une façon de répondre à ce qu'on appelle « l'accélération de l'histoire ».

A priori, cet instrument présente quelques mérites. Il donne des repères. Reste un problème de fond : quand commence une « génération » ? Pour moi, les gens de ma génération sont nés en 1924. Ils ont été suivis d'une nouvelle génération lorsque leurs enfants sont venus au monde – mettons, dans les années 1950. Mais pour les hommes ou les femmes de 1934, il en va bien sûr différemment : dix ans d'écart, cela représente déjà bien des nuances dans la manière de vivre et d'expérimenter. Et pour les personnes nées en 1920, en 1917, en 1913 ? En 1944, en 1950, en 1958 ? Encore peut-on prendre les deux grandes guerres comme point de repère.

Conscients de cet aspect plus qu'aléatoire, les utilisateurs du concept de génération tentent en effet de l'accrocher à de grands événements – ce qui dépend, bien sûr, de l'expérience propre à chaque pays. Parler de « génération Mitterrand » (1981) n'a pas de sens pour le reste de l'Europe. On pourrait, au mieux, dire qu'il y a une génération de la Première

Guerre, une génération de la Deuxième Guerre et une génération de 1968, car ce sont trois moments marquants pour l'ensemble de l'Occident. Les Américains pourraient toutefois lui donner comme point fort 1917, leur première intervention sur le Vieux Continent, ou voir un tournant par rapport à la grande crise de 1929, et les Allemands retenir la terrible année 1933, qui voit Hitler accéder au pouvoir…

A vrai dire, cette notion de génération a été forgée pour mettre en valeur les événements de 1968. Ce sont les acteurs de 1968 qui l'ont construite. La « génération 68 » correspond, du point de vue démographique, à un remplacement de classes d'âge et la crise se retrouve dans l'ensemble du monde occidental, des Etats-Unis jusqu'aux pays de l'Est. « Soixante-huitard » répond, de plus, à « Quarante-huitard », mot forgé – lui aussi pour toute l'Europe – lors des grands mouvements de 1848. Comme le quarante-huitard, le soixante-huitard est un ancien rebelle, embourgeoisé (ou ré-embourgeoisé) qui s'intègre aux élites dirigeantes, exception faite de quelques irréductibles au destin parfois malheureux. Cela suffit-il à marquer une période ? Disons que cela définit, en tout cas, de manière acceptable le *moment* 1968. J'oserais dire toutefois que la notion de « génération » ne vaut sans doute que pour cette fois-là, et peut-être cette fois-là seulement.

A partir de l'idée de « génération », on peut cependant se poser une question différente : celle de l'affrontement parents/enfants qui n'est pas la même chose qu'un affrontement jeunes/vieux. Cette structure me semblerait plus importante pour l'évolution historique. Elle permettrait de plus amples périodisations : l'établissement, par exemple, d'une période 1848-1968, éventuellement pertinente dans le domaine de la transmission des valeurs et de l'éducation, mais pas forcément dans le domaine politique. Je reviens à mon observation précédente : les différents domaines de l'activité humaine ne se périodisent pas de la même façon.

Peut-on parler de conflits de générations pour le Moyen Age ?

De conflits entre les parents et les enfants, oui – mais à titre privé. La notion de génération est inconcevable pour l'esprit médiéval. Sans doute faut-il attendre la Fronde pour trouver un conflit aux allures générationnelles, avec l'apparition des « barricades » et l'apparition du mot lui-même dans cette acception – qui ne variera plus jusqu'en mai 1968... Les premières « barricades » se dressent en 1648. S'agirait-il déjà de « quarante-huitards » ?

En tous cas, je ne vois rien de tel au Moyen Age. Sauf, peut-être, sur quelques points le mouvement des Pastoureaux, encore que celui-ci ait tenu un rôle plutôt marginal.

Il s'agit d'un mouvement de « croisade » qui, par trois fois, mobilisa des bergers et de jeunes, voire très jeunes, pauvres. Une première vague se forma en 1212, une seconde en 1251 – alors que saint Louis est prisonnier en Orient – une troisième en 1320. Les Pastoureaux veulent prendre la relève des chevaliers, incapables de libérer la Terre Sainte. Ils se mettent en chemin. Très vite, leur action se fait violente. Sur leur passage, ils s'en prennent aux Juifs et à la richesse du clergé. Aux Juifs, il est reproché de ne pas se convertir – or leur conversion massive serait le signe des Derniers Jours précédant la venue du Christ. Au clergé « perverti », il est reproché de souiller l'Eglise, alors que sa purification serait, là encore, le moyen de déclencher la Parousie.

Tolérés, au début, les Pastoureaux sont vite combattus, dispersés. Quelques-uns, toutefois, intègrent les armées royales. Mais le mouvement se défait. On ne peut l'interpréter comme un conflit de générations, ni même comme un conflit social (pauvres contre riches), car il s'agit – à l'évidence – d'un mouvement religieux, lié aux attentes messianiques.

En fait, nous manquons de documents sur les jeunes au Moyen Age. Dans une société largement paysanne, illettrée, ils ont laissé peu de traces. De manière significative, Georges Duby n'a pu en étudier qu'une seule catégorie ; et pas n'importe laquelle : les chevaliers. Ces jeunes nobles sont privés de terres et de femmes par l'accroissement démographique. Ils ne peuvent davantage profiter d'éventuels bénéfices ecclésiastiques. Il n'y a plus de places pour tout le monde. On les pousse vers la Croisade.

La Papauté détourne ainsi à son profit les « vaincus » de l'essor économique et démographique des Xe et XIe siècles. Voici un bel exemple d'influences conjuguées du matériel et du spirituel : les Croisés (et la Papauté) croient vraiment à la Croisade. Mais celle-ci n'en a pas moins, aussi, des bases matérielles. On pouvait, en toute bonne foi, faire son salut et s'enrichir au nom d'un idéal. Tout cela en se plaçant dans une perspective eschatologique de la fin des Temps, ou mieux encore de la Fin du Temps. Mais nous quittons là toute notion historiographique de longue durée…

3

MARCHANDS, BANQUIERS ET INTELLECTUELS

Le Moyen Age est donc un continent. Lorsque je commençais le voyage, au seuil des années 1950, ce continent n'avait rien d'une terre vierge. Plusieurs générations d'historiens en avaient rapporté des milliers de travaux. Je l'abordais moi-même sans plan, ni programme, à l'exception de ma thèse que je comptais consacrer aux Universités médiévales – thèse jamais achevée, mais dont on retrouve les traces dans mes travaux, notamment mon livre sur les « intellectuels » du Moyen Age. Le hasard, ma brève carrière d'enseignant (un an au lycée d'Amiens, 1950-1951 ; cinq ans à la Faculté des Lettres de Lille, 1954-1959) et les changements dans l'édition française m'ont, en effet, conduit vers des thèmes que je n'aurais pas abordé de ma propre initiative – notamment celui des marchands et des banquiers, auquel fut consacré mon premier livre en 1956.

Il faut insister sur ce moment particulier des années 1950-1960. Jusque là, les historiens écrivaient surtout – sauf quelques exceptions – pour leurs pairs. Leurs lecteurs appartenaient à des institutions savantes. Les travaux s'attachaient à faire avancer la science sur des points très précis, nécessaires à la connaissance, mais difficilement transmissibles au grand public. Ce n'était d'ailleurs pas le but. Et je persiste à tenir pour indispensables les mémoires, les articles ou les communications érudites. Ils constituent la base des recherches, leur terreau. Ils restent la pierre de touche pour vérifier ou invalider les synthèses que nous présentons au public non spécialisé.

Les années 1950-1960 voient pourtant éclore, dans plusieurs pays d'Europe, et en particulier en France, un genre nouveau. Des éditeurs, souvent historiens eux-mêmes, nous passent commande d'ouvrages dont la logique n'est pas universitaire. S'ils accueillent certains de nos projets, ces éditeurs se présentent surtout comme une force de proposition jusqu'alors inconnue.

Notre monde était traditionnellement régi par les sujets de thèse et par les grandes questions de cours, destinées aux programmes de l'agrégation. Surgirent, avec les éditeurs, des attentes imprévues. Une demande nous était faite, qui bousculait l'ordre convenu, nous obligeant à poser différemment les problèmes. C'est un moment important de l'histoire culturelle. Les directeurs de collections, les nouveaux types d'ouvrage, les approches différentes, suscitaient de notre part une écriture différente, et donc nécessairement l'ouverture de champs jusqu'alors inexplorés.

Parmi ces éditeurs-historiens, Pierre Nora fait figure d'exemple. Créateur de la collection « Archives » chez Julliard (1964), directeur chez Gallimard de la « Bibliothèque des Histoires » depuis 1970, il fut le maître d'œuvre, notamment, de la vaste entreprise des *Lieux de Mémoire* (1984-1993). Il se tint toutefois prudemment et pertinemment un peu à l'écart de ce qu'on appela « la nouvelle histoire ». Ce label assez provocant et publicitaire recouvrit plusieurs façons de faire de l'histoire. Il exprimait le sentiment d'un profond renouvellement de l'histoire (de la culture matérielle aux mentalités, de l'histoire sérielle à l'anthropologie historique). A ce renouvellement, Pierre Nora prit une part active.

La « Bibliothèque des Histoires » couvre un large champ. Elle propose la reprise d'ouvrages classiques (1924), comme les *Rois thaumaturges* de Marc Bloch, mais méconnus car en avance sur l'historiographie de leur temps, tout autant que des recherches récentes. On y trouve Michel de Certeau, Georges Duby, François Furet, Emmanuel Le Roy Ladurie... bien d'autres. J'ai moi-même, avec Pierre Nora, coordonné dans cette collection trois tomes collectifs : *Faire de l'histoire*, qui présentaient les nouveaux problèmes ; les nouvelles approches ; les nouveaux objets. J'y ai publié plusieurs livres auxquels je tenais particulièrement : *Pour un autre Moyen Age* (1978), *La Naissance du Purgatoire* (1981), *L'Imaginaire médiéval* (1985) et *Saint Louis* (1996).

Le jeune historien que j'étais dans les années 1950 ne prévoyait rien de cela.

J'avais surtout des curiosités ; je me posais des questions : je ne savais pas vraiment vers où j'allais. Je m'étais sagement inscrit pour une thèse en Sorbonne. J'avais, selon l'usage, « déposé » mon sujet. Je pensais, je l'ai dit, à une thèse sur les universités médiévales dans le prolongement de mon diplôme d'études supérieures (aujourd'hui le mémoire de maîtrise). Celui-ci avait été élaboré et rédigé à Prague, où j'avais obtenu une bourse.

Ce choix était le résultat du hasard. Après mon entrée à l'Ecole Normale dans l'été 1945, j'avais participé à un voyage de normaliens dans la zone d'occupation de l'Armée française en Allemagne (région du lac de Constance) et en Autriche (Tyrol) sur l'initiative de la 2e DB. A Innsbruck, un lieutenant français normalien me demanda de porter un paquet à son frère qui travaillait à la Direction des Relations Culturelles au Quai d'Orsay. Celui-ci m'encouragea à penser à une bourse en Tchécoslovaquie, où la France s'efforçait de faire oublier la rancœur soulevée par son attitude à Munich. Je suivis les cours de langue tchèque à ce qu'on appelait alors les Langues O, (l'Ecole des langues Orientales Vivantes, aujourd'hui INALCO).

L'institution du rideau de fer et la guerre froide m'empêchèrent, après cette année praguoise exceptionnelle, de poursuivre des recherches sur la Bohême médiévale. Mais je menai à bien un diplôme sur *La fondation de l'Université Charles de Prague en 1347-1348* et conçus une vive attirance pour les pays slaves, fasciné par leur culture « européenne ». Alors que cet horizon apparaissait comme bouché, il devait par un autre hasard, dix ans plus tard, se rouvrir, cette fois en Pologne. Dans cette Europe, pour l'union de laquelle je milite aujourd'hui, l'Europe centre orientale me tient particulièrement à cœur. A la Tchécoslovaquie devenue la République tchèque et la Slovaquie (qu'il ne faut pas oublier), s'ajouta dans les années 1970, la Hongrie, toujours chère à mon cœur. Je ne suis pas particulièrement friand d'honneurs. Je n'ai pas souhaité être membre de l'Institut. mais je suis fier et heureux que certains collègues étrangers m'aient décerné un doctorat *honoris causa*. Je suis ainsi docteur H. C. des universités de Varsovie, de Cracovie, de Prague, de Budapest, de Bucarest et de Cluj. C'est une joie.

Le sujet de thèse que je déposai dans les années 1950 à la Sorbonne était pourtant consacré à un sujet un peu différent. Lors de mon séjour à l'Ecole française de Rome en 1952-1953, dont je reparlerai, l'aumônier de l'Ecole Normale, l'abbé Brien, qui m'honorait de son amitié, m'orienta vers un type de sources, les manuels de confesseur du XIIIe siècle, où j'aperçus un thème de recherches qui me captiva davantage. Je voulus étudier « les attitudes à l'égard du travail ».

J'avais vu, en effet, que la constitution des universités au XIIIe siècle s'inspirait en partie d'une nouvelle conception du « maître ». Le maître universitaire différait du maître monastique, qui était traditionnellement le modèle. Je m'étais aperçu que ce XIIIe siècle avait connu — à l'intérieur de l'essor urbain (et les villes tenaient une place éminente dans l'ensemble culturel et social qui me fascinait) – des réflexions et des conflits autour du travail. Il se trouvait confronté à la mendicité d'une part, au « loisir » (*otium*) de type monastique ou aristocratique-militaire de l'autre.

Je n'ai pas achevé ma thèse — je dirai pourquoi plus tard — mais je suis resté très attentif aux problèmes technologiques, sociaux et intellectuels, concernant le travail. C'est encore aujourd'hui un lieu de confrontation entre la civilisation médiévale et le monde présent : l'évolution du travail s'affirme, en effet, comme l'un des enjeux principaux des mutations de la société actuelle.

Je dois aussi évoquer maintenant — j'aurais peut-être dû le faire plus tôt — un maître qui a joué un rôle très important dans ma vie professionnelle et ma carrière : le médiéviste Charles-Edmond Perrin, professeur à la Sorbonne, dont je fus l'étudiant et le disciple. Perrin était un historien de type traditionnel, mais par son savoir, sa conscience, son prestige justifié, son humanité, il émergeait au-dessus de ses attristants collègues. Il m'apprit la rigueur scientifique, il me donna une formation sans contrecarrer mes orientations qui pourtant le déconcertaient souvent. Il tient une grande place parmi le petit monde de *maîtres* que je veux saluer et remercier. Il accepta mon sujet proposé et l'évolution de mon thème de thèse.

Ma « carrière » me mène donc d'abord au lycée d'Amiens (1950-1951). Je bénéficie ensuite, pour mes recherches, de séjours à Oxford, Lincoln College, où je vis que le Moyen Age universitaire n'était pas mort (1951-1952), puis à l'Ecole française de Rome (1952-1953). En 1954, je suis assistant à la Faculté des Lettres de Lille. J'y rencontre un grand patron avec lequel j'ai noué des liens d'affection : Michel Mollat du Jourdin. Excellent médiéviste, il se passionnait parallèlement, de manière novatrice, pour l'histoire de la Marine. Toutes ces activités ne l'empêchaient pas de militer sans esbroufe, très concrètement, avec une grande ouverture d'esprit, pour les causes qui lui semblaient indissociables de ses convictions chrétiennes – en particulier le mouvement ATD-Quart Monde, voué aux plus démunis. Je veux lui rendre hommage, aussi, pour cela : je ne me trouvais pas face à un historien renfermé sur le seul savoir et la seule érudition. Ce fut l'un des nombreux chrétiens engagés, laïques ou prêtres, qui me soutinrent – moi, l'agnostique – dans mes travaux, m'indiquant ou m'ouvrant des voies de recherche, sans jamais vouloir m'influencer, ni m'imposer leur point de vue et leur propre expérience intérieure.

Michel Mollat du Jourdain m'avait ainsi confié l'un de ses séminaires dont le sujet semble technique : le commerce du sel au Moyen Age. Sujet pourtant passionnant. Le sel est, à cette époque, le seul moyen de sauvegarder les denrées. Etudier le sel, c'était donc étudier l'un des premiers et des principaux objets de commerce dès les débuts du Moyen Age, alors même que le commerce n'existe pratiquement pas. Jusqu'aux XIe et XIIe siècles, les échanges restent assez réduits. Sauf pour cet indispensable agent de conservation, nécessaire par ailleurs à l'alimentation des hommes et des animaux d'élevage et au traitement des sols.

On me commanda donc un petit volume pour la fameuse collection « Que sais-je ? » (Presses Universitaires de France), qui commençait alors son expansion. Il fallait traiter du commerce au Moyen Age. Ayant toujours préféré les hommes aux abstractions, j'ai transformé le sujet. Cela devint *Marchands et Banquiers du Moyen Age* (1956). J'avais trente-deux ans.

L'INVENTION DE L'ECONOMIE

Que le commerce soit l'affaire des marchands, cela ne surprend pas. En revanche pourquoi insister à ce point sur les banquiers ?

Parce que le Moyen Age fait apparaître une catégorie sociale nouvelle : le marchand-banquier. Les deux métiers sont alors indissociables. Jusqu'au XIe siècle, le commerce restait peu développé. Certains échanges passaient toutefois par les moines et surtout par deux catégories d'« étrangers » : les Juifs et les Syriens, nom générique pour les Orientaux du

Proche-Orient. Il se trouvait peu de commerçants spécialisés. C'était déjà le cas dans l'Antiquité, où le commerce ne constituait à Rome, par exemple, que l'une des fonctions de la classe équestre, celle des « chevaliers ». Or voici qu'apparaît, au XIIe siècle, le marchand dont l'activité présente très vite une autre face : la banque.

Le marchand, quand il circule, doit en effet changer sa monnaie, la faire vérifier, etc. Cette activité de change, qui tire son nom du comptoir où l'on s'installe (*banco*, en italien), permet aux marchands de jouer sur les différences de cours. Le commerce s'intensifiant, les marchands évitent le transport du numéraire grâce à l'invention de la *lettre de change*. Cette lettre permet à un marchand de prêter à un autre marchand, par acte écrit, une somme qui lui sera remboursée plus tard ailleurs. Ce marchand fait donc crédit, à terme. Il intervient aussi dans un autre lieu et dans une autre monnaie. Le crédit se croise d'une opération de change. Ces deux opérations produisent un intérêt. Les lettres de change peuvent elles-mêmes faire l'objet d'un marché en tant que telles : on les achète, on les revend, on les troque, etc.

L'historien peut suivre aux XIIIe et XIVe siècles la rapide expansion d'une réalité nouvelle. Le marchand devient un spécialiste en écritures. On rédige pour lui des manuels de pratique commerciale. C'est un intellectuel pratique. Il fait vraiment la paire avec l'universitaire.

Le marchand-banquier se confronte toutefois à un difficile cas de conscience. L'Eglise médiévale, marquée par l'ascétisme des moines, et qui a lu dans les Ecritures la condamnation du prêt à intérêt, apprenait à mépriser l'argent. Et voici que ces marchands, non contents de faire apparaître l'argent dans la vie sociale, y trouvent un intérêt professionnel et humain. Nouvelle catégorie sociale, les marchands doivent de surcroît leur fortune à une activité risquée, aux succès fragiles. Bons chrétiens, ils veulent justifier cet argent. Ils compensent ce contact « impur » par un dynamisme culturel qui les porte à hauteur des deux seules catégories sociales prestigieuses jusqu'au XIe siècle : les nobles et les prélats mécènes et commanditaires de ce que nous appelons œuvres d'art (le mot n'existe pas au Moyen Age, *l'art* au sens moderne apparaît au XIXe siècle).

On a certes, avant moi, étudié l'apparition des marchands-banquiers. Mais on s'était moins intéressé, à l'exception d'un petit nombre d'historiens — parmi lesquels je voudrai citer ceux qui m'ont aidé, le Français Yves Renouard et l'Italien Armando Sapori —, à leur rôle culturel qui marque la religion mais aussi les idées, les arts, etc. Car les marchands ont eux-mêmes essayé de christianiser leur activité. Ils allaient à la messe, ils faisaient dire des messes, ils observaient les sacrements ; si bien que l'Eglise constatait leur existence, sans hostilité particulière. Elle ne leur fournissait pourtant pas les repères dont ils avaient besoin. Il n'y avait pas de pensée très élaborée sur leur action, en dehors de la méfiance traditionnelle vis-à-vis de l'argent. En se bornant à répéter la condamnation de « Mammon » – l'argent trompeur – l'Eglise se trouvait en porte-à-faux puisqu'elle laissait faire, par ailleurs, ces marchands qu'elle ne savait où situer.

Le problème de l'*usure* a finalement permis de développer la réflexion. Quand y a-t-il légitime bénéfice ? Quand y a-t-il usure ? Comment se distinguent-ils l'un de l'autre ? Jusqu'où la spéculation peut-elle être acceptée ? Quand la spéculation devient-elle un péché ? Ces interrogations mettent en cause la notion de durée : les marchands vendent du temps, mais le temps n'appartient qu'à Dieu.

Ces questions prirent une grande importance dans la vie intellectuelle médiévale. Les manuels de confesseurs se font l'écho précis des problèmes de conscience des marchands et du trouble des hommes d'Eglise. J'ai pu d'ailleurs en explorer d'autres aspects, trente ans après *Marchands et banquiers*, avec un second livre : *La Bourse et la Vie* (1986).

Je dois un peu anticiper.

Aux Hautes Etudes, où j'enseignai à partir de 1962, j'eus la possibilité de diriger une petite équipe de recherche et de rattacher cette recherche à mon enseignement de séminaire. Il s'agissait une nouvelle fois des villes, lieux de grands changements économiques, sociaux, culturels et religieux. J'étais particulièrement intéressé par un nouveau type de religieux : les « mendiants », qui ne vivaient pas des bénéfices d'un monastère ou d'un terroir, mais de l'aumône, du libre don. Ils avaient transféré leur apostolat du milieu rural et solitaire des moines à l'action, au cœur de la société.

Les deux principaux ordres mendiants – les dominicains, officiellement nommés « prêcheurs », comme les franciscains étaient nommés « mineurs », humbles – connurent dès le début du XIIIe siècle, un succès fulgurant. Le nombre de leurs couvents s'accrut en rapport avec la démographie et l'économie des villes. Je pus dresser une carte urbaine — y compris une hiérarchie des villes à partir du nombre de couvents mendiants — qui rendait compte de cette nouvelle société médiévale. J'entrai ainsi dans une recherche qui me passionnait, celle des rapports entre l'histoire et la géographie, des lieux et des réseaux où se faisait l'histoire.

Dans la foulée de ces premiers travaux, j'élaborai un deuxième champ. Les Frères mendiants étaient des prédicateurs pauvres. La parole — même s'ils s'exprimèrent aussi par le livre — fut un des principaux instruments de leur action. Nous avons parlé, Jean-Claude Schmitt et moi, de « parole nouvelle » au XIIIe siècle. Nous avons conservé le texte de très nombreux sermons, effectivement prononcés, ou notés de façon schématique, et comme modèles. Pour rendre cette prédication vivante, attrayante, ils la truffaient d'anecdotes empruntées à la vie quotidienne. Cette vie concrète des hommes et des femmes du Moyen Age, y compris des gens modestes – c'est cela que je recherchais – s'exprimait dans ces histoires, qu'on désigne par leur nom médiéval : les *exempla*. Dans la recherche collective et les séminaires sur les *exempla*, aujourd'hui poursuivie de façon remarquable par Jacques Berlioz et Marianne Polo de Beaulieu, je trouvai de nombreux Frères mendiants, souvent présentés dans leurs rapports avec des usuriers !

Je repris donc le problème de l'usure médiévale. J'ai traité concrètement des rapports entre économie et religion. Je pus utiliser les concepts du grand économiste Karl Polanyi (*Les Systèmes économiques dans l'histoire et la théorie*, traduction française : 1975). J'approchais ainsi la façon dont les hommes du Moyen Age saisissaient cette activité qu'ils ne savaient encore nommer l'*économie*. Ce mot grec, très savant, fut emprunté à partir du XIIIe siècle, à Aristote : il ne désignait alors que l'économie domestique, la bonne gestion du patrimoine.

Plusieurs conciles condamnent sévèrement l'usure. Des rois pourchassent les usuriers, comme Philippe Auguste (1211) ou saint Louis (1254). On promet aux usuriers d'affreuses souffrances en enfer. On penserait donc plutôt à une opposition violente : l'Eglise contre les marchands.

La méfiance envers l'argent persiste, c'est vrai. Elle dure d'ailleurs aujourd'hui. La formule de François Mitterrand mettant en cause les profits boursiers, les bénéfices de ceux qui s'« *enrichissent en dormant* », pourrait sortir d'un sermon du Moyen Age. Il y eut, en effet, des condamnations répétées de l'usure. De même exerça-t-on des violences contre les usuriers, qu'ils soient juifs ou chrétiens.

On ne peut, pour autant, parler d'un affrontement : Eglise contre marchands. Le lieu commun, selon lequel l'Eglise s'opposerait à l'économie et au progrès, fait partie du vieil arsenal des Lumières, repris au XIXe siècle. La vérité est tout autre : à compter des XIe et XIIe siècles se développe une *légitimation* de l'argent. On est conscient du danger que l'argent représente, on est conscient de l'obstacle qu'il forme sur la route du salut, mais il n'en a pas moins sa légitimité à l'intérieur d'une véritable « économie » morale.

Michel Albert distinguait récemment deux styles de capitalisme. Le capitalisme américain poserait, selon lui, l'argent comme une valeur en soi, tandis que le capitalisme rhénan maintiendrait un encadrement plus « moral » de l'argent. Ce capitalisme rhénan, qui s'étend de la Suisse jusqu'aux Pays-Bas en passant par l'Allemagne et l'Est de la France donne une idée assez exacte de l'équilibre auquel marchands et théologiens s'efforcèrent de parvenir au Moyen Age.

Comment s'est fait la légitimation ?

De la richesse apparaît. Elle est plus abondante et diverse, et différente de la richesse traditionnelle des puissants. Sans céder à un pseudo-marxisme, selon lequel le changement matériel entraîne un changement de société, il faut admettre ce poids des faits : le commerce se développe et facilite le développement. Tout le monde, d'une manière ou d'une autre, y compris les clercs, tire profit de ce succès – et pas seulement un profit matériel. Cette réussite est, en soi, une forme de légitimation. Elle s'accompagne d'un important travail théorique.

La critique portée par l'Eglise contre l'usure (c'est à dire aussi contre le principe d'*intérêt*) restait relativement facile à maintenir tant que l'usure demeurait majoritairement le fait des seuls Juifs, sur qui la chrétienté se déchargeait d'une activité aussi indispensable qu'« impure ». Au long du XIIe siècle, pourtant, le commerce s'accroît. Les richesses circulent. Les opérations de change se multiplient. La nature même du change se modifie. L'usure est de moins en moins l'affaire des seuls Juifs. De façon empirique, les hommes des XIIe et XIIIe siècles perçoivent assez vite qu'une distinction peut se faire entre la notion d'*intérêt* et celle d'*usure*. Les Juifs se voient progressivement spécialisés dans le prêt à la consommation, qui se fait de manière toujours très locale, de voisin à voisin. Les débiteurs vivent d'autant plus mal ce prêt de proximité qu'il concerne des besoins immédiats : acheter des vivres, des vêtements, du matériel, voire survivre. Economiquement, d'ailleurs, cette usure ne pèse pas lourd. Elle est voyante, honnie, mais marginale.

Il n'en va pas de même des marchands chrétiens, qui manient, eux, des sommes considérables. Les clercs vont donc s'efforcer de légitimer cette nouvelle sorte d'usuriers – qui cessent peu à peu d'être désignés comme tels, et deviennent ce que nous nommons « marchands-banquiers ».

On reconnaît d'abord qu'ils exercent un *travail*. Non, ils ne s'enrichissent pas « en dormant » : ils travaillent ! Saint Paul l'a dit : « *A celui qui fournit un travail* (*merces*, dans la Vulgate), *on ne fait pas grâce de son salaire : on le lui doit* » (Romains IV, 4). D'où l'adage fameux : « *Tout travail mérite salaire* ». C'est le travail qui légitime. On en crédite, si je puis dire, les marchands.

Ceux-ci bénéficient également du principe d'*utilité*. Ils font venir des biens que la chrétienté ne produit pas, et qui sont indispensables. Dès que le commerce prend son essor, les hommes du Moyen Age ont conscience de son caractère « international » ; c'est à dire, pour l'essentiel, des liens persistants entre l'Occident et l'Orient.

A ces deux légitimations des marchands par l'Eglise, s'en ajoute une troisième, venue des marchands eux-mêmes. Ils se distinguent très vite par leur mécénat dans l'art et dans la culture – deux domaines alors étroitement unis à la vie chrétienne. Ce mécénat permet aux marchands de se « racheter » de leurs péchés. Il leur permet aussi d'exprimer leur goût, leurs attentes, dans l'ordre spirituel comme dans l'ordre de l'imaginaire. De manière significative, les partenaires des marchands-banquiers dans l'exécution des commandes deviennent peu à peu des *artistes*, alors que ceux-ci ne se distinguaient pas jusqu'alors des autres personnes se livrant aux « arts », c'est à dire aux activités professionnelles manuelles. Voici, par exemple, le cas éclatant de Giotto (v 1266-1337). Les marchands florentins, ses « patrons », le considèrent bien comme un artiste au sens moderne du mot. Ils l'utilisent. Il les sert. Chiara Frugoni a magistralement montré, à travers l'étude de l'iconographie de saint François, comment Giotto, manipulé par ses commanditaires, édulcore l'image fascinante, mais ambiguë du saint – ennemi de l'argent, mais célébré par des hommes d'affaires.

Un autre espace : la pensée

Vous venez d'user plusieurs fois du mot « intellectuel ». Il figure d'ailleurs dans le titre de votre deuxième livre : Les Intellectuels au Moyen Age, *paru en 1957. Cela peut surprendre, puisque le concept d'« intellectuel », au sens où vous l'employez, naît vers le milieu du* XIXe *siècle et ne se diffuse vraiment qu'avec l'Affaire Dreyfus.*

Le mot – que j'ai volontairement décalé dans le temps – m'a paru s'imposer au fur et à mesure que je travaillais sur les marchands-banquiers. Il y avait, là aussi, un nouveau groupe en train d'apparaître. Ce groupe entendait répondre aux préoccupations de la nouvelle société urbaine.

Parler de « clercs » ne suffit pas. Le terme désigne plusieurs sortes de lettrés, prêtres ou non-prêtres, le plus souvent enseignants. Parler d'« universitaires » ou de « théologiens » serait trop restrictif. Comme j'avais connu Prague et que je m'intéressais aux pays qu'on appelait de l'Est, j'étais sensible au rôle spécifique tenu, là-bas, par la nébuleuse de l'intelligentsia, plus vaste, plus diversifiée, que celle des Français – héritière de surcroît d'un courant ininterrompu depuis le XIXe siècle, malgré les violences politiques. Ces « intellectuels » européens me semblaient rendre compte du rôle joué par les nouveaux acteurs de la vie médiévale. Dante (1265-1321), par exemple, n'était ni prêtre, ni universitaire : il exprime, pourtant, mieux que bien des clercs, la nouvelle vision chrétienne du monde. C'est un grand intellectuel. Son influence sera forte.

Je voudrais redire ce que je dois pour mon orientation de recherche à un autre homme remarquable : l'abbé André Brien, dont j'ai déjà parlé, ancien aumônier de l'Ecole Normale, qui devint plus tard recteur de l'Institut catholique de Paris. Je l'avais retrouvé à Rome où il poursuivait des recherches théologiques. Lors d'une promenade à Tivoli dans les ruines de la villa de Cicéron, comme je lui parlais des valeurs morales chères aux marchands-banquiers, il me suggéra d'étudier plus largement l'attitude du christianisme médiéval face aux diverses professions. Il attira, de ce fait, mon attention sur les manuels rédigés à l'usage des confesseurs – une production considérable à partir du XIIIe siècle, dont l'intérêt est prodigieux. J'y entrepris une enquête sur les différentes formes de travail : travail commercial, travail intellectuel.

En instituant la confession annuelle obligatoire, le concile de Latran IV (1215) créait un fort besoin. Les prêtres n'avaient pas alors l'expérience de la confession personnelle généralisée à l'ensemble des fidèles. Ils demandent donc des manuels pour se guider et guider leurs ouailles. On y trouve un choix de questions, de réponses, de conseils. J'en ai consulté plusieurs avec des dizaines de questions par « états », c'est-à-dire par métiers, à Sienne, à Florence et à Padoue. J'y ai relevé beaucoup de détails sur la morale professionnelle, puisque les rédacteurs précisaient ce que le confesseur devait demander à ses interlocuteurs selon qu'il s'agissait d'un paysan, d'un cordonnier, d'un tisserand, d'un teinturier, etc. Les marchands y sont, au début, assez peu mentionnés, preuve qu'ils n'étaient pas encore considérés comme travailleurs et fournisseurs de travail. Au fil des ans, toutefois, ce rapport avec le travail leur est peu à peu reconnu et devient une considération de premier plan.

Les guides de confession m'ont permis d'approfondir l'étude des marchands-banquiers. Je découvrais en même temps cet autre milieu, d'où venaient notamment les auteurs de manuels – un milieu qui me semble correspondre à la définition de l'*intellectuel*: ces hommes, (les femmes, même la grande abbesse Hildegarde Bingen au XIIe siècle, ne sortent pas du savoir monastique), combinent l'élaboration des savoirs et l'action sur la société. Quand on parle de la scolastique et de sa diffusion, on pense à la haute philosophie ou à la grande théologie. On oublie qu'elle s'est diffusée dans la société par toutes sortes de relais.

Aussi quand Michel Chodkiewicz – qui devint plus tard PDG des éditions du Seuil – m'offrit d'écrire pour une nouvelle collection, je lui proposai un livre symétrique de *Marchands et banquiers*. Ce fut *Les Intellectuels au Moyen Age*. Je prolongeais, de la sorte, les recherches entreprises pour ma thèse non aboutie sur les Universités.

Ces intellectuels, comme les marchands, souffrent à l'origine d'un manque de légitimité.

Ils représentent, en effet, quelque chose de neuf en un temps où, je le rappelle, la nouveauté est suspecte. Comme les marchands, ils tireront du travail leur légitimité – un travail intellectuel, cette fois.

La question se pose au fur et à mesure que les villes se développent. Jusque là, ce sont essentiellement les monastères – mais aussi les évêchés et quelques grandes cours – qui entretiennent des centres spécialisés dans l'écriture et l'étude, les *scriptoria*. Or, voici que les villes suscitent à la fois leurs propres marchés et leurs propres écoles, où l'on enseigne la grammaire, le notariat et le droit. Les maîtres de ces écoles urbaines sont des clercs, mais presque toujours des non-prêtres. Ils ne sont donc pas reconnus d'emblée.

Saint Bernard, au début du XIIe siècle, ne reprochait pas seulement aux banquiers de vendre du temps, qui n'appartient qu'à Dieu. Il se méfie aussi des maîtres d'école qui vendent *contre argent* du savoir, car les étudiants doivent payer leur enseignement. Pour lui, la *science*, qui, elle aussi, n'appartient qu'à Dieu doit être gratuite. Contre ce point de vue, la légitimation se fera avec des arguments déjà rencontrés pour la banque : ces nouveaux professionnels, spécialisés dans la connaissance, fournissent un travail. Ils méritent un salaire. Comme les marchands, ils font de surcroît preuve de leur utilité. Ils ont donc leur place, comme travailleurs rémunérés.

Evolution progressive, bien sûr, mais rapide entre 1130 et 1230.

Lié aux monastères et aux cathédrales, l'enseignement – jusqu'au XIIe siècle – se fonde sur le commentaire et l'exégèse des Ecritures. Aussi l'enseignant, fût-il laïque, emprunte-t-il ses méthodes à la prédication tandis que les prédicateurs diffusent dans le vaste public des villes un travail à l'origine destiné aux étudiants.

Avant même la constitution des Universités – et cela dès les *scriptoria* de Charlemagne – le savoir s'enracine dans une pratique originale de l'exégèse. Alors que, chez les musulmans, les commentaires du Coran se sont vite trouvés ligotés par un traditionalisme rigoureux, l'exégèse européenne a développé des méthodes critiques où nous reconnaissons déjà des principes scientifiques.

A la base de la nouvelle vie intellectuelle, il y a le raisonnement et la discussion. La méthode scolastique se fait par discussion d'une *quaestio* entre maître et étudiant. Cette « dispute », *disputatio*, aboutit à la conclusion, à la décision du maître : la *determinatio*. Un cursus universitaire se met en place qui conduit du *baccalauréat* à la *licence (licencia docendi,* autorisation d'enseigner). Le *doctorat* couronne le tout. Nous n'avons guère changé depuis…

Entre les *scriptoria* du premier Moyen Age et les Universités des XIIe et XIIIe siècles, il y a un « saut ». Lorsqu'il rédige ses *Sentences*, le théologien Pierre Lombard (v. 1100-1160), qui enseigne à l'école cathédrale parisienne de Notre-Dame, propose un manuel structuré d'extraits et de condensés de la Bible. Il ne se borne pas à compiler et répéter les commentaires précédents. Il s'intéresse à la logique interne des textes, à leur contenu. Ses *Sentences*, enseignement de base de l'université, seront ainsi le passage obligé de tout apprenti théologien jusqu'au XVe siècle. On peut y voir une méthode – cette même méthode que nous retrouvons à la base des *Sommes* du XIIIe siècle dont la plus fameuse est celle de l'Italien Thomas d'Aquin, qui enseigne, lui, à l'Université de Paris.

La différence tient à l'objet étudié. Pierre Lombard s'applique aux Ecritures. Il transforme les Ecritures en un système organisé de citations exprimant des vérités. Allant plus loin, les grands scolastiques du XIIIe siècle articulent l'ensemble du savoir (chrétien — il n'y en a pas d'autre même s'il intègre du savoir « païen » antique, juif, arabe) en un corps complet rationnellement construit comme la théologie. C'est une *somme* — terme qui dit bien l'ambition de caractère encyclopédique (le XIIIe siècle est aussi un siècle d'encyclopédies).

Thomas d'Aquin dans le troisième quart du XIIIe construit donc la plus remarquable de ces sommes. Il y intègre, en la christianisant, la plus rationnelle philosophie de l'Antiquité, celle d'Aristote, longtemps suspect dans les universités. Il flirte ainsi avec les théories d'un commentateur arabe d'Aristote, l'Andalou Averroès (1126-1198) théoricien de la « double vérité » selon qui les mêmes phénomènes relèvent à la fois d'une vérité terrestre humaine, et d'une vérité divine, qui ne sont pas du même ordre mais toutes deux légitimes. Thomas d'Aquin ne va certes pas si loin. Il rejette Averroès. Il le cite, toutefois, le considère.

Le mot même de « scolastique » – reprenant le latin *scola*, l'école – renvoie aux écoles, c'est un savoir qui s'enseigne. Il impose toutefois l'idée plus large d'une méthode pédagogique « universelle », propre à cette nouvelle institution qu'on nomme « université » : un « corps » de maîtres, une corporation, une « totalité » dédiée au savoir.

Le père Marie-Dominique Chenu a résumé ce changement dans deux ouvrages parus en 1957. Le premier présentait *La Théologie au* XIIe *siècle*; le second poursuivait: *La Théologie comme science au* XIIIe *siècle*[1]. « *Comme science* »: tout est là. D'ailleurs le mot « théologie » est une invention du XIIe siècle, l'œuvre d'Abélard, grand maître pré-universitaire. Seule la ville – et un ordre mendiant fixe dans des villes, l'ordre des Prêcheurs (dominicains) fondé en 1215 – pouvait marquer cette nouvelle étape, à laquelle le cadre plus ancien des couvents et des écoles épiscopales n'était pas adapté.

FRANÇOIS D'ASSISE. DES MENDIANTS DANS LA VILLE

Faut-il, alors, parler d'une révolution du XIIIe *siècle?*

Non. D'abord – je l'ai déjà dit – parce que la notion de révolution reste absolument étrangère à l'esprit médiéval, qui préfère les renaissances. Et surtout parce que les origines de cette renaissance sont anciennes: le XIIIe siècle ne rompt pas avec ses prédécesseurs. J'ai déjà donné l'exemple de Pierre Lombard. Mais je pourrais aussi mentionner l'étonnant Pierre le Chantre (mort en 1197), qui enseigna longtemps à Notre-Dame de Paris, lui aussi. John Baldwin a pu dire qu'il avait réuni autour de lui un « cercle », proche de nos actuels cercles intellectuels – pas une cour, ni un salon, mais un pôle informel d'études et de débats. Et avant lui un autre Parisien, Pierre le Mangeur (le mangeur, le dévoreur de livres) a écrit une *Histoire scolastique* où il a fait de la Bible un livre d'histoire pour les élèves étudiants.

Pierre le Chantre le disait lui-même: tout en étudiant les Ecritures et en enseignant, il observait cette ville dynamique dans laquelle il vivait et pour laquelle il prêchait. Rien ne lui

1. J'ai rencontré régulièrement le Père Chenu à partir de 1957, époque où il connaissait les rigueurs de la méfiance vaticane, et je ne saurais dire tout ce que je dois à cet intellectuel chrétien extraordinaire comme théologien et comme homme et qui m'honora de son amitié.

échappe. Il s'intéresse particulièrement aux métiers et professions : les hommes de loi, les hommes de guerre, les marchands et même les jongleurs. Il traite de tous les problèmes pratiques, qu'il s'agisse de la guerre, des impôts, du commerce ou des prix. Son influence est particulièrement nette dans la rédaction des premiers manuels de confesseurs. On voit bien, à travers lui, comment se crée un réseau qui va des étudiants jusqu'à la foule, en passant par tous les milieux. Avec deux grands instruments : le sermon et le livre.

Parmi les fonctions de l'intellectuel se trouve aussi, pour nous, la fonction critique. Il semble difficile d'être critique au XIIIe *siècle*

Quand je me suis décidé à employer le mot d'*intellectuel*, en 1957, je ne songeais pas seulement à l'intelligentsia des pays de l'Est au XIXe siècle mais aussi aux travaux menés dans les années 1930 par Antonio Gramsci, qui était un marxiste intelligent. Il distinguait deux sortes d'intellectuels : les intellectuels critiques et les intellectuels organiques, qui servent les pouvoirs établis.

Mis à part quelques fauteurs d'hérésie, pas si nombreux et forcément marginaux, les intellectuels du Moyen Age sont par nature *organiques* : ils travaillent au sein d'un ensemble, mus par un souci d'utilité. On retrouve ici ces deux valeurs – travail, utilité – qui légitiment à la fois les marchands et les intellectuels. La critique a néanmoins sa place. Et cette place est reconnue. Ce qui, là encore, constitue une nouveauté.

Dès le XIIe siècle, Abélard avait dit que les nouveaux théologiens (il a sans doute inventé le mot) devaient emprunter à Aristote la méthode du *doute*. C'était cinq siècles avant Descartes. Thomas d'Aquin, pour ne prendre qu'un exemple, dérange beaucoup de gens, tout prestigieux qu'il soit. L'ordre des Prêcheurs, auquel il appartient, conteste souvent ses thèses. Le triste et vaniteux Etienne Tempier, évêque de Paris, s'en prend à lui de son vivant (1270) et le condamne franchement trois ans après sa mort (1277). Bien sûr, l'évidente fidélité de Thomas à l'Eglise et la flamme mystique de ses dernières années, interdisent de faire tomber sur lui l'accusation d'hérésie, qui est l'arme la plus terrible du Moyen Age – donc rarement employée, contrairement à ce que l'on croit souvent.

A défaut de s'en prendre directement à sa théologie, ses adversaires attaquent son système de pensée, sa méthode. Preuve, s'il en fallait, que l'intellectuel médiéval n'est pas un simple rouage au service d'une machine. Il vit des tensions, suscite des tensions, mais se veut membre du corps qu'est, pour lui, la société avec laquelle se confond l'Eglise.

Avec les marchands et les intellectuels, la ville devient donc le creuset d'une civilisation.

La preuve vient d'un immense personnage : François d'Assise, Francesco di Bernardone (1181 ou 82 – 1226), fils d'un marchand de drap, né à l'heure où les villes deviennent des pôles de pouvoir. Un conflit récurrent marque sa jeunesse : la lutte d'Assise, sa ville natale, contre la ville de Pérouse. En 1198, il participe comme cavalier à la guerre que se livrent les deux communes. Il est fait prisonnier. En 1205, il veut une nouvelle fois combattre, contre les partisans de l'Empire. Il tombe malade. C'est après cela qu'il rompt spectaculairement avec son père et son milieu.

En 1209, avec quelques compagnons, il fonde un ordre mendiant, donc mobile, radicalement distinct des moines qui sont par définition sédentaires. François réagit ainsi à l'apparition de ces « nouveaux pauvres » que sont les miséreux des villes. Et l'on retrouve chez lui, très logiquement, la question centrale de l'univers marchand dont il est issu : celle de l'argent. « *On va plus vite au ciel d'une cabane que d'un palais* », disait-il en s'installant sur un lopin de terre à côté de l'humble chapelle de la Portioncule. Il préfère les rues, les places, les petites demeures.

Lorsqu'il écrit après des rapports difficiles avec la Curie pontificale sa Règle de 1221, que la Curie lui fit refaire, François affiche sa volonté de vivre en frère « mineur » — c'est à dire : humble, petit. Il ouvre l'Evangile à « *tous les enfants et petits enfants, pauvres et riches, rois et princes, travailleurs et agriculteurs, serfs et maîtres ; à toutes les vierges, continentes et mariées, aux laïcs, hommes et femmes, à tous les petits enfants, adolescents, jeunes et vieux, sains et malades, à tous les humbles et grands, et à tous les peuples, familles, tribus et langues, à toutes les nations et à tous les hommes, partout sur la terre* ». Il invente également, avec ce qui deviendra le « Tiers Ordre », une forme inédite, souple et neuve, de vie religieuse *dans le siècle,* dans la ville. Le Tiers Ordre (il en sera de même chez les Dominicains et les autres Mendiants) accueille, en effet, des personnes soucieuses de suivre la spiritualité franciscaine sans pour autant vivre en communauté, sans rompre avec leur vie familiale ou professionnelle. François popularise une vie religieuse non cléricale, laïque.

Certes, François n'a pas de doctrine économique. Il a néanmoins une conscience de l'économie. En rompant avec sa famille et les marchands drapiers, il entend appliquer à la lettre le chapitre X de l'Evangile selon Matthieu : « *Ce que vous avez reçu gratuitement, donnez-le gratuitement. N'emportez ni or, ni argent dans vos ceintures, ni sac pour la route, ni deux tuniques, ni chaussures, ni bâton [...] En quelque ville ou village que vous entriez, informez-vous de qui est digne de vous recevoir et demeurez chez lui jusqu'à votre départ. Entrant dans cette maison, saluez en disant :* "Paix à cette demeure !" ».

François s'insurge contre ce que certains ont appelé récemment l'« horreur économique ». Il le fait avec une rigueur et une intelligence dont je ne vois pas l'équivalent chez les actuels adversaires de la mondialisation. Car il ne se borne pas à rejeter. Il s'interroge. Il a choisi la pauvreté, mais il ne met pas en cause la sincérité, la foi bien réelle des marchands. Il conserve, face à l'argent, le principe qui sera le sien dans tous les domaines : il n'impose sa règle qu'à lui-même et ses frères. Il ne l'étend pas au corps social tout entier. Il va jusqu'au bout de sa vocation. Libre aux autres de l'entendre et d'en tirer les conséquences.

Ainsi s'explique le prestige des Frères mineurs, et leur popularité parmi les ordres mendiants. Ils fréquentent le riche ou le pauvre, le puissant ou le faible, mais sont dans le monde sans appartenir au monde, attendant que le changement – la conversion – se fasse, de l'intérieur, chez ceux qui les écoutent.

François répugne à l'exercice du pouvoir, au point d'ailleurs qu'il a beaucoup hésité à fonder son Ordre. Il ne propose pas d'autre programme que la bienheureuse pauvreté, la louange et l'émerveillement devant la Création. Pas d'utopie chez lui, pas d'attente millénariste d'un grand soir ou d'une société parfaite. Les franciscains, selon François, n'ont pas vocation de gouverner. Ils sont un ferment dans la montée du bien-être, le témoignage constant d'une inquiétude qui doit rappeler leur devoir aux riches et aux savants.

Deux religieux illustrent la fécondité de ces intuitions.

Le premier est un franciscain convaincu: Pierre de Jean Olivi (v.1248-1296). Bien qu'il fût vénéré après sa mort, certaines de ses thèses subirent la condamnation, en 1326. Théoricien de la pauvreté absolue, il vomissait la corruption de l'Eglise. Il s'interrogeait néanmoins sur la richesse, se demandant comment les riches pouvaient faire leur salut. Il ouvrit de la sorte une voie qui fut celle de nombreux autres Mendiants. Dante suivit sans doute son enseignement à Florence.

Le second personnage, essentiel, s'inscrit en partie dans la postérité d'Olivi. Il s'agit de saint Antonin, archevêque et patron de Florence (1389-1459). Il est, lui, dominicain. Notez bien qu'on retrouve ici la grande ville économique, la grande ville artistique: Florence. Antonin est d'ailleurs proche de ce génie politique et financier qu'était Cosme de Médicis. Rien ne le préoccupe tant que la charité, la prière, le dénuement et la pénitence. Il réforme avec zèle l'Eglise florentine. Il s'efforce aussi pour cette raison – pour mieux comprendre ses interlocuteurs – d'analyser l'économie en tant que telle. Antonin propose une définition de la notion de valeur. J'en avais entrepris une analyse jamais achevée pour un volume d'hommage à Pierre Vilar, grand historien marxiste, qui fit l'étude de la scolastique tardive, telle qu'elle se pratiquait à Salamanque au XVIe siècle.

Disons, en simplifiant, qu'on en vint à une idée très importante pour l'avenir de l'Occident: l'homme d'argent sait qu'il figure au premier rang des possibles damnés; un repentir permanent, et la pratique des œuvres de miséricorde, autorisent toutefois l'espérance d'un pardon. Le riche place ainsi – par l'inquiétude et la charité – son capital posthume dans le Purgatoire, cette grande invention médiévale, ce lieu où les âmes pécheresses se purgent douloureusement dans l'attente du Paradis, évitant ainsi l'Enfer. Se précise de la sorte l'idée d'une richesse tolérable. Un certain code du « juste prix » s'affirme, tout comme d'autres réfléchissent à l'époque sur la définition d'une « juste guerre », dans l'esprit de saint Augustin.

Peut-on, comme vous le suggérez, parler d'une science de l'économie dès les XIIIe *et* XIVe *siècles, à plus forte raison le* XVe *?*

Les grands scolastiques des XIIIe-XVe siècles ne perçoivent l'économie qu'*encastrée* dans la religion, pour reprendre une expression de Karl Polanyi. Il faut attendre les jésuites de Salamanque à la fin du XVIe siècle pour rencontrer de véritables économistes. Les Jésuites enseignant à l'Université de Salamanque dont le principal fut Francisco Suarez (1543-1617) introduisirent dans la tradition scolastique de Thomas d'Aquin des concepts et des raisonnements proprement économiques. Les métaux précieux d'Amérique et l'usage qui en était fait à la Casa de Contratación de Séville avaient modernisé une science économique qui n'était plus médiévale. Le domaine spécifique de l'*économie* n'apparaîtra pourtant qu'au XVIIIe siècle, avec les physiocrates et la notion de marché.

S'agissant du Moyen Age, laissons de côté l'économie rurale. Elle domine certes la société. Mais si, dans toute l'Europe, se développe une « technique » agricole, un sens accru du bon rapport, ce sont malgré tout les villes qui donnent le ton dès le Xe siècle, même si leur importance n'est véritablement perçue par les médiévaux qu'au XIe siècle. Elles créent ce qui peut exister en terme de « marché », bien que le concept, au sens moderne du terme, ne soit pas encore défini.

La nouveauté du Moyen Age serait plutôt le *commerce*, où la mer tient une grande importance, au Sud (Italie) comme au Nord (Allemagne et Baltique). Ces contacts avec l'extérieur impliquent un remodelage puissant du réseau intérieur. Ils se fondent sur d'incessantes inventions technologiques. Quand les Portugais puis les Espagnols mettent au point la *caravelle*, le saut est fait. A l'origine il s'agissait d'une barque de pêche, dotée d'une grande qualité : elle avait un faible tirant d'eau ; elle pouvait donc se risquer sur des rivages mal connus. Sur ce modèle, les ingénieurs ont développé des bâtiments toujours plus importants, mais fidèles à leur origine : les caravelles ne coûtaient pas trop cher et présentaient peu de risque d'échouage. C'est avec ces caravelles, non sans peine, que Christophe Colomb finit par joindre Cuba et la Jamaïque…

Voici un paradoxe. Olivi et Antonin appartiennent tous deux à un Ordre mendiant. Ils sont d'immenses lecteurs, versés dans le savoir. Or le « poverello » – vous le soulignez dans votre Saint François d'Assise *(1999) – refusait non seulement l'argent mais aussi la science.*

Il faut bien comprendre la méfiance de François à l'égard des savants docteurs. Il voit dans la science une forme de propriété parce que les livres coûtent cher. Devenir savant, c'est prendre le risque de posséder, d'accéder au pouvoir, ou de participer à l'exercice du pouvoir. François n'a jamais entretenu de très bons rapports avec les princes de l'Eglise et les maîtres de l'Université — les prélats.

Cela dit, nous retrouvons ici son attitude face à l'argent. Pour lutter contre l'esprit de luxe, François estime que le savoir peut aider. Il autorise donc son disciple Antoine de Padoue à suivre des études universitaires. Et l'on trouvera bientôt des franciscains parmi les maîtres les plus savants et les plus hardis. Ce sera l'une des nombreuses ironies du destin de saint François : on lui construira, après la grande basilique d'Assise, une somptueuse basilique sur la pauvre Portioncule qui lui servait de cabane, en bas d'Assise, et les Mendiants s'installeront, deviendront puissants...

La renaissance des XIIe *et* XIIIe *siècle semble, à vous entendre, se caractériser par un christianisme de proximité.*

Schématisons. Jusqu'au XIIe siècle, Dieu reste d'abord le Père. Après quoi, la figure du Fils l'emporte : le Ciel s'incarne, descend sur la Terre. Les valeurs prennent chair. A travers les marchands-banquiers et les intellectuels, je crois avoir posé le cadre essentiel de ma réflexion sur le Moyen Age. L'apparition de ces deux nouvelles catégories sociales « marque » la civilisation médiévale. Leur héritage reste prégnant : structures économiques, institutionnelles, mentales et religieuses.

Le Moyen Age parvient alors à l'équilibre entre la raison et la foi, entre les formes de raison et les formes de foi. Ainsi se concrétise ce que nous pouvons appeler l'Occident. Cet équilibre reste, aujourd'hui, le véritable enjeu, y compris pour un agnostique comme je le suis. Les grands esprits du Moyen Age dominent notre pensée, même si les sciences modernes ont suscité une véritable révolution. Je me sens né quelque part entre Bologne et Paris, Saint-Jacques de Compostelle et Rome entre 1150 et 1250.

4

UNE CIVILISATION PREND CORPS

Au tout début des années 1960, Raymond Bloch – qui était, par ailleurs, un grand spécialiste des Etrusques – me fait une suggestion troublante. Directeur, pour les éditions Arthaud, d'une collection consacrée aux grandes civilisations, il me propose d'écrire le tome concernant l'Occident médiéval : un volume de taille importante, présentant une iconographie originale. Une étude synthétique d'ensemble, telle qu'on me la demandait, supposait un vaste savoir ainsi qu'une réflexion approfondie. J'avais à l'époque 36 ans, et l'on ne pouvait tenir mes deux précédents petits livres pour une « œuvre ». Je n'étais donc pas certain d'être suffisamment expérimenté.

Deux atouts me décidèrent à risquer le jeu. J'avais consacré, grâce au CNRS et à mes séjours à l'étranger, plusieurs années à la recherche, libre de tout enseignement. Cela m'avait permis d'étudier un nombre considérable de documents, notamment à Oxford (1951-1952) et à Rome (1952-1953). De surcroît – comme enseignant – je m'étais attaché à développer chez les étudiants la notion de culture générale, afin qu'ils n'aient pas une vision fragmentaire ou cloisonnée de cette longue période.

J'avais lu, pour ces cours, beaucoup de textes médiévaux, privilégiant la littérature, alors que les médiévistes puisaient traditionnellement dans le domaine des chartes : le juridique, l'administratif. Je m'étais aussi intéressé aux images et plus largement à l'art. Enfin, le projet me semblait répondre aux idées des Annales, selon laquelle l'histoire pour se renouveler doit recourir à des documents méconnus ou insuffisamment exploités.

La demande de Raymond Bloch coïncidait avec une autre commande. Pierre Bordas m'avait confié la rédaction d'un manuel d'enseignement pour les classes de Quatrième – des enfants de 12 ou 13 ans. Tout comme Arthaud, Bordas misait sur l'iconographie, non pour « illustrer » mais bien pour « comprendre » de manière plus large la vision du monde, les sensibilités, les codes, qui font une civilisation. Il ne s'agissait pas de piocher dans une documentation toute faite : il fallait chercher, proposer, produire ce qui me semblait significatif. La nécessité de m'adresser à des collégiens me guidait dans l'effort de synthèse et d'explication.

Le mot de civilisation *ne couvre-t-il pas une aire trop vaste ? On aurait pu parler d'une* culture *de l'Occident médiéval.*

Non, nous sommes face à une civilisation ; face à un *corps* d'une forte cohérence. Cela s'organise à partir des VIe et VIIe siècles, se parachève autour du XIIIe siècle pour se défaire peu à peu au fil des XVIIe, XVIIIe et XIXe siècles. Je préfère d'ailleurs ce mot de *corps*, très médiéval, à celui de *système*. Les façons de sentir et de penser, chères à Marc Bloch (mon grand maître, bien que je ne l'aie pas connu), la perception de l'espace et du temps supposent, sur cette longue période, l'adhésion commune à une *conception du monde* – une *Weltanschauung*, pour reprendre le vocabulaire d'un Max Weber.

J'aurais pu, éventuellement, adapter cette expression allemande mais elle me semblait à la fois trop philosophique, trop idéologique et trop limitée, gommant cette « culture matérielle » que l'archéologie médiévale nous permet de mieux connaître depuis la seconde moitié du XXe siècle. Il m'apparaissait aussi, en me plongeant dans les manuels de confession, en parcourant les nombreux sermons des prédicateurs, que le Moyen Age avait façonné des notions de politesse, de codes moraux, voire d'*urbanité* extrêmement neufs, dans la mesure où cette expansion urbaine, maîtrisée, était sans précédent. Un savoir-vivre en ville s'était constitué, à côté de la courtoisie du monde des nobles. Seul le mot de *civilisation* intégrait harmonieusement les valeurs d'en haut et les valeurs d'en bas. Lucien Febvre avait souligné cette opposition : les lumières à la française parlent de civilisation ; la science germanique parle de culture.

LA DESCENTE DU CIEL SUR LA TERRE

Il y a donc un cadre tacitement ou explicitement admis.

La civilisation de l'Occident médiéval est profondément, intimement, marquée par la notion de *Création*. Les hommes et les femmes du Moyen Age croient au Dieu de la Genèse. Le monde et l'humanité existent parce que Dieu l'a voulu, en un acte généreux.

Ces hommes, ces femmes, veulent aussi en savoir plus. Des savants s'attachent à calculer la date de la Création, selon un comput tiré des Ecritures. Jusqu'au XVIIe siècle, on s'accorde à penser que cette création remonte à 4000 ou 5000 ans environ avant la naissance du Sauveur. J'ajoute tout de suite que ce chiffre n'est pas entendu comme nous l'entendons, aujourd'hui. Quand on dit 5000 ans, au Moyen Age, cela vaut comme nos millions d'années. Il s'agit d'un très long temps, inimaginable.

Les savants établissent, non sans débats, une chronologie ; ils situent les faits, etc. Cela suppose une lecture critique. On ne se contente pas de répéter la Bible : on l'analyse comme une source « incontestable » de données. Cela commence par le récit de la chute (Adam et Eve). Vient alors la lente remontée – à travers l'histoire des Patriarches et d'Israël – vers la naissance du Sauveur. Après quoi, chaque épisode de la vie de Jésus, chacun de ses enseignements, offre le modèle-type de ce que chaque homme, chaque femme, doit imiter. Enfin, fermant l'ensemble du recueil canonique, l'Apocalypse de Jean de Patmos offre tout un matériel imagé, métaphorique, pour essayer de penser le Jugement dernier et la fin des Temps qui s'en suivra ; pour essayer d'imaginer cette vie éternelle, enfin pleine et entière dans une Création tout entière transfigurée. Je suis de ceux qui déplorent qu'en choisissant l'apocalypse cette pensée de la fin de l'histoire se soit égarée en élucubrations, belles mais irrationnelles et mystificatrices.

A Cambridge, au XVIIe siècle, on enseignait encore que le monde avait été créé 4004 ans avant la naissance du Christ, le 26 octobre à neuf heures du matin. Nous pouvons rire, aujourd'hui, de ces calculs. Certains fondamentalistes américains, qui se disent *créationnistes*, maintiennent pourtant de nos jours – malgré l'absurdité scientifique – une croyance à la lettre du texte. Sans, bien sûr, prêter la moindre foi à leur système, nous pouvons en comprendre la logique. Celle-ci repose sur l'idée que la Bible est un livre d'histoire et la Genèse une cosmologie.

De ce point de vue, les créationnistes reflètent une conception des textes sacrés assez proche de celle qui fut partagée par les plus grands esprits durant des siècles. Les exégètes médiévaux cherchent bien sûr le sens second des textes, ses interprétations allégoriques et spirituelles. Ils considèrent pourtant le sens premier, littéral, comme un document informatif. Pour le Moyen Age, et même au-delà, le récit de la Création ne posait pas de problèmes en tant que tel. Il contenait simplement des obscurités, des ellipses et des contradictions qu'on estimait apparentes et que l'on s'efforçait de lever.

Cette approche ne manquait pas d'audace. Essayer ainsi de « faire histoire » avec la Bible anticipe certaines de nos méthodes modernes – même si les prémisses sont, bien sûr, fautives. Le grand saut ne se fait qu'à la fin du XIXe siècle quand d'autres livres — plus anciens que la Bible – sont découverts et quand les savants cessent de voir dans les Ecritures une base de données. Avant que soient connues les premières avancées de l'égyptologie puis de l'assyriologie, un accord général persiste : la Bible est le plus vieux livre du monde, donc le plus vénérable et le plus *vrai*, puisque l'antique paraît par définition plus fiable que le récent.

Il faut donc distinguer la façon dont on se figurait la Création, et la croyance en un Dieu créateur. Car c'est finalement cette croyance qui est centrale.

La notion de *création* se lie à une conception de Dieu, de la nature et de l'homme. La cohérence en est maintenue, pensée, aménagée, réaménagée, par un organisme lui-même cohérent : l'Eglise. A cela correspond une société hiérarchique, centrée autour du *dominium* : la domination, la seigneurie. Le *dominium* insère – incarne – la fonction divine dans la société humaine. Il suppose une vision hiérarchique. Hiérarchie qui ne doit pas être comprise comme un rapport de forces univoque : le roi en haut, le sujet en bas. Le mouvement est réciproque. Dieu s'incarne, l'Homme se divinise.

Nous retrouvons ici la *descente du Ciel sur la Terre* à laquelle j'ai déjà fait allusion. Le Ciel vient vivre parmi nous. Cela conforte, bien sûr, notre déférence face à la Majesté. Mais si le Ciel se porte au niveau de la Terre, cela signifie également que la Terre est transfigurée, que nous sommes pris dans un mouvement ascendant. Pour les hommes et les femmes du Moyen Age, la hiérarchie n'a pas la rigidité qui sera celle de l'absolutisme et de l'Ancien Régime. N'oublions pas, en effet, que l'« horreur féodale » tant honnie par les révolutionnaires – l'Ancien Régime – n'est en fait qu'un système de gouvernement remodelé à partir des années 1600. L'Etat monarchique et hiérarchisé qui précède, en France, l'Ancien Régime n'offre pas les mêmes traits.

Si le roi médiéval est en haut, il se penche vers ses sujets et ses sujets peuvent monter vers lui. Le plus humble vilain est persuadé qu'il peut parler au roi, que celui-ci est accessible, tel un bon père ou plutôt en tant que Dieu sur terre. Et les rois eux-mêmes se voient comme les pères de leurs peuples ou plutôt les intermédiaires entre Dieu et eux. J'ai plus tard tenté de comprendre, à travers saint Louis, l'agencement d'un corps monarchique médiéval – que les scolastiques tiennent pour le meilleur parmi les corps politiques possibles, au sens aristotélicien.

L'Incarnation suppose également l'existence d'une Histoire. Il y a une avant Jésus, et une après Jésus. Le temps de l'Ancien Testament s'oriente vers la venue du Christ. Remonté aux cieux, celui-ci inaugure un nouveau temps, lui aussi orienté : c'est le temps qui mène à la fin du Temps. Ce temps à venir ne suppose pas vraiment un progrès, au sens où nous l'entendons, puisque la société médiévale – on l'a vu – n'apprécie guère la nouveauté, mais il fixe une direction. L'humanité, après la chute, a reçu la promesse d'un salut. Le salut nous a été donné, à un moment précis, par quelqu'un de précis : Dieu fait homme. Et tout se dirige, depuis, vers l'heure de son retour. C'en est fini du temps cyclique cher à l'Antiquité, même s'il subsiste absorbé par le calendrier liturgique.

Le christianisme médiéval ne bouleverse pas seulement le rapport au temps, aux cycles et à la durée. Il s'efforce d'*incarner l'incarnation*, si je puis dire, grâce à l'eucharistie : chaque messe, chaque jour, en chaque lieu, fait venir Dieu parmi les hommes *hic et nunc*, ici et maintenant. Recevoir l'hostie, c'est devenir membre du corps du Christ, participer au grand corps mystique formé par la totalité des hommes, les vivants et les morts.

Tout cela n'a rien d'une théorie lointaine. L'Eglise médiévale – la société médiévale dans son ensemble – s'efforce de le vivre concrètement. Elle y parvient grâce à un constant travail sur la liturgie et les sacrements. L'eucharistie elle-même, la *communion*, ne trouve son expression « définitive » qu'au XIIIe siècle, avec l'instauration de la Fête-Dieu.

Depuis les origines du christianisme, l'eucharistie est le modèle de tout ce qui existe, de tout ce qui a de la valeur. Elle est le corps du Christ. Elle unit les corps de chaque fidèle dans un corps supérieur, mystique. Mieux : l'eucharistie anticipe la résurrection. Présence du Christ ressuscité, elle introduit le croyant dans la résurrection, qu'il ne connaîtra pleinement qu'après sa mort quand il sera transfiguré en *corps glorieux* – s'il a, toutefois, arrimé son salut par une rencontre de son effort personnel et de la grâce de Dieu. Il n'y a sans doute jamais eu d'âge aussi charnel que cet âge spirituel. La croyance en la résurrection de la chair, qui est le contraire de la réincarnation, structure cette société de manière totalement inédite si on la compare aux autres religions et aux autres sociétés de la même période.

Pourquoi vous attacher particulièrement à la Fête-Dieu ?

La Fête-Dieu – que l'Eglise célèbre toujours aujourd'hui sous le nom de fête du Saint-Sacrement – a lieu, en principe, le jeudi qui suit le dimanche de la Trinité (8e dimanche après Pâques). Sa première célébration date de 1246, à Liège. Le pape Urbain IV, en 1264, étendit à toute l'Eglise cette fête du corps du Christ, marquée par une procession solennelle qu'organise chaque ville ou chaque village. Le Saint-Sacrement fait ainsi une « entrée » véritablement royale, suivi par la communauté urbaine qui se donne en spectacle à elle-même autour du Corps-Dieu. Car une procession médiévale met en scène toute la hiérarchie : à chacun sa place, ses couleurs, ses insignes, etc ; des plus importants jusqu'aux plus humbles.

Le puissant dispositif des fêtes et du calendrier constitue le cadre temporel fondamental de toute la société. Parmi ces moments exceptionnels que sont les jours *fériés* (du latin chrétien : *feriatus*, jour de fête), la Fête-Dieu couronne un long effort de l'Eglise. Urbain IV l'instaure pour bien marquer l'importance de l'eucharistie, en un temps où les fidèles ne communiaient encore que rarement. Avant la Fête-Dieu, seuls ceux qui communiaient fréquemment voyaient le corps du Christ. Maintenant ce corps est montré à tous de manière somptueuse et glorieuse. C'est l'une des conséquences du fameux concile de Latran IV : généralisation de la confession, accent mis sur la communion.

La Fête-Dieu confirme ainsi de manière forte le choix fait par le christianisme occidental. Comme toute religion, le catholicisme disposait de deux méthodes contraires pour assurer le culte et organiser la liturgie. Soit l'ostension, la « *monstrance* », comme on le disait en ancien français. Soit l'absence, le secret.

L'Occident choisit la première voie. Byzance et le christianisme oriental préfèrent une certaine forme de retrait, tenant ainsi compte de la pression aniconique que le judaïsme puis l'islam ne cessaient d'exercer. Dans la tradition orthodoxe, tout repose sur le dévoilement : à l'intérieur même de l'église, le sanctuaire n'est pas immédiatement accessible et visible. Il se trouve au cœur de l'*iconostase*, une cloison percée de trois portes et décorée d'icônes. Nous trouvons certes une gradation comparable dans les églises occidentales. Le fidèle n'accède pas directement au chœur, et l'on dépose l'hostie consacrée à l'intérieur du tabernacle – mais, en Occident, tout est immédiatement visible, fût-ce du fond de la nef. Il n'y a pas la sensation d'un mystère caché, puis dévoilé, qui caractérise la liturgie orthodoxe. Les Occidentaux n'hésitent d'ailleurs pas à placer le « saint Sacrement » dans un ostensoir puis à le sortir de l'église pour processionner. En Orient, les processions se font autour des icônes. De même le roi médiéval se plonge-t-il symboliquement au cœur de son peuple, tandis que l'absolutisme de l'Ancien régime inverse la tradition médiévale. Aucun roi du Moyen Age ne se serait « mis à part » comme Louis XIV le fit à Versailles.

Pour la Fête-Dieu, on installe l'ostensoir sous l'objet le plus sacralisé – le plus sacralisant – du Moyen Age occidental : le dais. Avancer sous un dais à travers la ville, voici l'acte royal par excellence. Comprenons-nous bien. On n'adapte pas au Corps-Dieu un rite royal : c'est le rite royal qui s'inspire de la Fête-Dieu, non l'inverse. Le roi, corps physique et corps mystique, est présenté sous un dais parce que le Saint-Sacrement l'a été avant lui. L'Incarnation prime.

L'Occident gardait une mémoire, plus ou moins exacte, des rites impériaux. Et l'hésitation fut longtemps sensible dans l'entourage des rois : le roi devait-il rester inaccessible, à la mode orientale, ou devait-il au contraire se montrer ? La Fête-Dieu a fait pencher la balance : le roi se montre. Jusqu'à la fin du Moyen Age politique, on préfère qu'il demeure dans sa ville, au milieu de son peuple. Quand il voyage, le roi de France « entre » dans chacune de ses villes de façon solennelle – « entrées » dignes de la Fête-Dieu – pour bien montrer qu'il est dans *sa* ville. Quand le peuple de Paris viendra chercher à Versailles, « *le Boulanger, la Boulangère et le petit Mitron* », on retrouve un très vieux réflexe : il faut que le roi revienne vivre *dans* la ville, au milieu des siens. Que les Parisiens aient choisi, de surcroît, la métaphore du pain d'une façon symbolique, au-delà de la peur concrète des famines, n'a rien d'un hasard : le pain véritable c'est l'hostie, où s'opère la *présence* réelle... Je ne dis pas, bien sûr, que les révolutionnaires aient eu un programme théologique. Leur symbolique, pourtant, plongeait profond ses racines. Et l'on sait, grâce à Mona Ozouf, à quel point la fête révolutionnaire tente de réinventer, à des fins républicaines, les vieilles habitudes liturgiques.

L'échec de l'utopique et poétique calendrier révolutionnaire est ainsi *a contrario* la démonstration de l'éclatante réussite du calendrier occidental chrétien. Pour « déchristianiser » la France, les révolutionnaires avaient compris qu'il fallait démanteler l'instrument dont s'était doté l'Eglise. Celle-ci avait fait du temps à la fois un cadre et un enseignement.

Le Moyen Age, jusqu'au concile de Trente et au calendrier grégorien au XVIe siècle, ne cesse de travailler sur le calendrier, sous la conduite de l'Eglise. Il en résulte un remodelage complet de la façon d'organiser et de vivre le temps.

Le temps chrétien médiéval emprunte aux deux calendriers antérieurs les plus importants, les plus prégnants dans la zone géographique où s'est installé le christianisme. Pour la vie profane et quotidienne, on adopte le cadre du calendrier païen antique institué par Jules César, le calendrier julien, avec ses douze mois. Mais on le transforme profondément par des emprunts au calendrier juif: la centralité de la date de Pâques et la notion de semaine. Le calendrier chrétien est résolument solaire, mais les spécialistes chrétiens du calendrier, les *computistes*, ne sont pas parvenus à donner une date fixe à Pâques. Il en reste cette instabilité du calendrier qui a montré, à la période contemporaine, ses inconvénients, notamment en matière de calendrier scolaire.

La France, par exemple, n'a que récemment détaché les dates des vacances dites de Pâques du jour de la fête de Pâques. Je tiens l'adoption de la semaine pour un des grands bouleversements du calendrier. Le rythme des sept jours et la sacralisation du dimanche (sur le modèle de la création), encore objet aujourd'hui de luttes syndicales, a promu une attention particulière au travail et au non-travail (le respect du repos dominical a fait l'objet d'une rigoureuse réglementation à l'époque carolingienne). Il détermine un rythme de l'activité économique qui a, je pense, été très favorable à la bonne productivité de l'Occident médiéval.

Un problème très important était la détermination de la date de la création, date du début de l'histoire et du calendrier. L'Eglise médiévale a adopté les calculs d'un moine grec du VIe siècle, Denys le Petit. Celui-ci s'est fondé sur les rares notations du Nouveau testament. Il fixe la nativité de Jésus, l'Incarnation, en l'an 754 du calendrier romain (qui partait, lui, de la date supposée de la fondation de Rome). C'est l'an I. A partir de là, le calendrier se divise en avant et après Jésus-Christ, l'an 0 n'existant pas, ce qui complique encore aujourd'hui le calcul des siècles (division apparue à la fin du XVIe siècle) et des millénaires.

Mais Denys s'est trompé. On pense aujourd'hui que la naissance de Jésus a en réalité eu lieu vers — 4 avant J.-C. De toutes façons, ce nouveau calendrier ne s'est établi dans la Chrétienté que très lentement. Il faut attendre le Xe siècle pour que sa diffusion atteigne toutes les élites.. La lenteur de cette diffusion est l'une des raisons de ne pas croire aux prétendus « peurs de l'an Mil », inventées par le romantisme : seul un petit nombre de clercs savait qu'ils vivaient en 1000 !

L'Antiquité tardive et le Haut Moyen Age ont aussi introduit d'autres innovations importantes dans le domaine de la mesure et du vécu du temps. A cette époque où l'emprise du modèle monastique était forte, les moines adoptèrent un emploi du temps quotidien divisé en heures canoniques, depuis le réveil matinal très précoce (matines) jusqu'au coucher.

De plus, pour encadrer l'activité de la société rurale environnante, ils inventèrent au VIIe siècle un calendrier sonore, les cloches, ce qui entraîna la construction de nombreux clochers intégrés ou non (campaniles) dans les églises. L'angélus du matin et l'angélus du soir encadrèrent désormais la vie quotidienne des hommes et des femmes du Moyen Age. Avec ce temps de l'Eglise entra souvent en conflit à partir du XIIIe siècle un temps laïc, temps des villes (beffroi) que j'ai appelé temps des marchands, car il était surtout destiné à scander le temps du travail.

Enfin, apparut à la fin du XIIIe siècle l'horloge mécanique, marquant, malgré un fonctionnement souvent défectueux, le partage du temps en heures égales. La montre individuelle, qui resta rare jusqu'au XIXe siècle (le temps individuel n'est pas un phénomène médiéval), n'est créée qu'à la fin du XVe siècle, à Milan. C'est au XVe siècle que naît, à côté de l'emploi du temps, désormais archaïque du moine, un emploi du temps laïque, celui du marchand.

Deux calendriers parallèles fonctionnèrent, qui se distinguaient par la date du début de l'année. L'un était employé dans les chancelleries ecclésiastiques et laïques, pour la datation des chartes et des actes officiels. Témoignage de la fragmentation institutionnelle à l'intérieur de la société médiévale, cette date fut variable, définissant ce qu'on appelle des *styles*, ce qui rend difficile pour les médiévistes l'établissement d'une chronologie médiévale certifiée. La majorité de ces « styles » fixes se situait aux alentours de Pâques. L'année civile médiévale commençait donc le plus souvent en mars.

L'année liturgique, selon l'Eglise, résume et concrétise pour chacun d'entre nous l'histoire du Salut. Elle commence, à partir du Xe siècle, au premier dimanche de décembre. C'est l'Avent, la période où l'on attend l'*adventus* – la venue – du jour de Noël, jour de la Nativité, c'est-à-dire de l'Incarnation de Jésus, fixé au 25 décembre dès 354. L'année culmine à Pâques, jour de la Résurrection de Jésus, puis se relance à la Pentecôte quand les disciples reçoivent l'Esprit de Jésus remonté aux cieux. Ce calendrier liturgique insère le temps cyclique dans le temps linéaire du calendrier civil.

L'autre grand apport, après la commémoration de la vie de Jésus, est l'introduction des saints dans le calendrier, ce qui confirme son caractère de commémoration. L'Eglise ne cessant de faire de nouveaux saints, elle institua pour les célébrer tous, la fête de tous les saints, la Toussaint, qui devint très populaire au IXe siècle. Comme l'a bien vu Peter Brown, les saints étaient des morts privilégiés. Au XIe siècle, sanctionnant de nouvelles relations des vivants avec les morts, les monastères se mirent à tenir des livres de mémoires, des obituaires (registre des dates retenues pour la célébration d'une messe en faveur de tel ou tel disparu). L'établissement de lignages crée des *ancêtres*. Sous l'impulsion de l'ordre monastique de Cluny, l'Eglise doubla au XIe siècle la Toussaint d'une commémoration des morts le 2 novembre – « Jour des morts », aujourd'hui largement respecté. Ainsi naquit au Moyen Age une Europe de la mémoire et des commémorations – qui s'exacerbe à notre époque après les horreurs mémorables du XXe siècle – sortant du Christianisme dont le fondateur, Jésus, avait dit à ses apôtres en instituant l'eucharistie au soir de la Cène : « Vous ferez cela *en mémoire de moi* ».

Ainsi fut christianisé et réduit à une dévotion le culte païen des morts qui avait survécu de façon tenace dans les campagnes. Depuis les réjouissances d'Halloween, lointaine adaptation très commerciale, via l'américanisation des mœurs, de la fête celtique des trépassés, on comprend mieux l'énergie et la ténacité de l'Eglise médiévale : le calendrier est déjà un catéchisme. Il articule le temps et l'histoire sur ces deux socles que sont la Création et l'Incarnation (l'Incarnation étant d'ailleurs une re-Création). Il unit les vivants et les morts, au niveau de la famille et des différents corps sociaux, jusqu'à l'humanité elle-même.

S'agissant de la commémoration des morts, il me semble que, laïcisée, celle du 2 novembre conserve un contenu de sensibilité et de mémoire complètement étranger à tous les créateurs d'Halloween. Il serait intéressant, dans la perspective d'histoire comparée qui me paraît devoir être un des soucis majeurs de l'historien, de comparer ces comportements avec ceux des Mexicains, chez qui les évocations festives des morts tiennent une si grande place. J'y soupçonne une certaine réussite du syncrétisme, à partir du XVIe siècle, entre les coutumes indiennes précolombiennes traditionnelles et les apports d'un christianisme importé d'Europe sous des formes médiévales. Mais peut-être les Mexicains s'adressent-ils à la mort plutôt qu'aux morts.

Le XIIIe siècle compléta la construction chrétienne du calendrier. Ce fut d'abord l'introduction de la Fête-Dieu dont j'ai déjà parlé, clé de voûte du système calendaire médiéval.

Ce fut ensuite l'institution du jubilé — sur le modèle du jubilé juif de l'Ancien Testament, fête de la solidarité et de l'effacement des dettes tous les cinquante ans. Le pape Boniface VIII en fut le principal instigateur en 1300. Ce fut un grand succès qui amena à Rome des foules de pèlerins, témoignage d'un retour aux sources en même temps qu'affirmation de l'unité d'une chrétienté de plus en plus divisée, et programme de paix pour le futur. Cette perspective ne fut pas une grande réussite mais, avec la volonté d'affirmer l'autorité suprême de la papauté, l'Eglise manifestait que le calendrier est un lien, un instrument de solidarité.

Enfin, avec le progrès de la lecture individuelle, on vit se diffuser en ce XIIIe siècle, les Livres d'Heures. Il s'agit de manuels où la dévotion se répartit selon les heures de chaque journée. Ils concernent ceux qui savent lire, donc les puissants laïcs et principalement leurs femmes. Ils témoignent ainsi d'une certaine montée en puissance des laïcs et des femmes dans la société chrétienne encadrée par le calendrier. On sait par ailleurs que ces Livres d'Heures, souvent richement illustrés, ont fourni certains des plus beaux chefs-d'œuvre des miniatures du Moyen Age.

Enfer, purgatoire, paradis

Même s'il ne partage pas l'idée moderne du Progrès, le Moyen Age pense donc que l'Histoire a un sens ?

On pourrait dire que le Moyen Age était pré-marxiste, dans la mesure où le marxisme, dans la lignée du socialisme utopique, était un millénarisme athée.

Ne voyez pas dans cette affirmation, une simple boutade. Comme on l'a bien montré, il existe, tout au long de la période, une tradition millénariste. Ce mot ne désigne pas l'attente d'une fin du monde pour l'an Mil, mais l'idée que l'humanité doit traverser un certain nombre de périodes – « chiffrées » par l'Apocalypse – au terme desquelles le souffle du Saint Esprit envahira la Terre. Ce sera la parousie, retour glorieux du Christ. Commencerait alors, toujours selon l'Apocalypse, un règne de mille ans, avant qu'intervienne le Jugement Dernier.

Bien entendu, chaque millénarisme lit dans les « signes des temps » un appel à l'action immédiate : l'humanité vient d'entrer, ou va bientôt entrer, dans la dernière période… Combattu déjà par saint Augustin, constamment condamné par l'Eglise, le millénarisme connaît pourtant de nombreux « retours », sous des formes simples, vite éliminées (des mouvements populaires, en général), mais aussi sous des formes élaborées, qui séduiront les puissants, le plus haut clergé et certains papes. Car la tentation millénariste s'accorde souvent au besoin de réforme : les signes des temps annoncent que l'heure approche, pour la chrétienté, de se corriger de ses vices et de se préparer aux derniers jours – j'oserais dire : au Grand Soir.

Le moine calabrais Joachim de Flore (v.1132-1202) proposa la théologie la plus ambitieuse, et la plus complexe de ce millénarisme intellectuel et mystique. Son œuvre est tour à tour rejetée, puis promue, puis condamnée (après sa mort), puis partiellement réhabilitée, bien qu'il se soit constamment rangé dans l'Eglise, rédigeant en 1200 un testament redisant sa soumission et sa fidélité.

Joachim de Flore avait une vision « historique » de l'humanité. Fidèle à la structure trinitaire, il décrivait l'histoire du monde comme la succession de trois Ages. L'Age du Père s'étendait de la Création jusqu'à la naissance de Jésus. L'Age du Fils commençait, bien sûr, avec l'Incarnation, on estimait qu'il durait encore, que c'était le temps présent. A cet Age du Fils succèderait, très bientôt, un Age de l'Esprit, qui serait un Age d'épanouissement spirituel et d'illumination, consécutif à une profonde réforme où l'humanité « réformée » serait gouvernée par des saints. Cet Age préparerait ainsi dignement le retour du Christ, le Jugement dernier, la résurrection générale et la fin du Temps.

Henri de Lubac a montré qu'il s'agissait d'une vision optimiste de l'Histoire. Elle laissa des traces durables, notamment dans la philosophie romantique, en particulier chez Hegel et donc chez Marx. La « fin de l'Histoire » postulée par le premier et la « lutte finale » attendue par les marxistes n'auraient peut-être pas dépaysé les hommes du Moyen Age.

Si l'Eglise ne retient pas la théorie des Ages, comment définit-elle le sens qu'elle trouve néanmoins à l'Histoire ?

Ce sera la Providence. Thomas d'Aquin, très sévère contre Joachim de Flore, définit la Providence comme « *le plan selon lequel les choses sont ordonnées à leur fin* ». Par sa Providence, Dieu veille à ce que l'Histoire se déroule dans le bon sens.

Evidemment, cette thèse se heurte à une difficulté dont Thomas d'Aquin et tous les théologiens sont conscients. Si Dieu laisse l'humanité libre, s'il n'y a ni destin, ni fatalité, Dieu ne peut pas manipuler l'humanité, fût-ce pour la mener au salut. D'un autre côté, on ne peut faire de Dieu – de ce Dieu qui s'incarne – un être lointain, qui se contenterait de régler une machine et d'en observer, impuissant, le bon ou le mauvais fonctionnement. C'est le problème de la prédestination, qui avait déjà tourmenté saint Augustin et qui connaîtra un retour violent avec Luther et la Réforme.

Thomas d'Aquin surmonte l'objection d'une manière virtuose, mais un peu trop subtile. Il ajoute, en effet, que « *la providence divine impose la nécessité à certaines choses, mais non pas à toutes* ». Il ne faut donc pas imputer à la Providence des faits mineurs, des accidents secondaires. L'idée serait plutôt qu'il y a, selon Thomas, un projet de Dieu, intrinsèquement bon : la Création. L'homme à qui Dieu a donné le libre-arbitre, est libre de ternir cette bonté, de la réduire, de l'obscurcir – mais il ne tient qu'à l'homme de s'amender, librement, pour s'approcher davantage du souverain Bien. Cela ne s'accomplira toutefois que dans l'éternité – pas dans le temps. C'est alors que nous retrouverons pleine et entière la Bonté dont nous sommes faits. On reconnaît ici l'une des convictions profondes de Thomas, selon laquelle – pour reprendre une formule de Jacques Maritain : « *tout ce qui est, est bon dans la mesure même où il est : l'être et le bien sont des termes convertibles* ».

Inutile de dire que les vues de Thomas n'étaient pas accessibles à tout le monde. Elles furent très imparfaitement reçues, même consacrées par sa canonisation (1323), puis par son élévation au rang exceptionnel de « docteur de l'Eglise » (1567). Et l'on constate, à l'inverse, le vif succès, dans tous les milieux, d'un thème bien peu chrétien : celui de la Fortune.

Arts, littérature, discours. On trouve partout cette image de la Fortune faisant tourner sa grande Roue. Ainsi la roue de la vie prend-elle, en bas, le nourrisson puis fait monter l'enfant jusqu'à l'âge adulte, puis consacre l'homme mûr, avant de rejeter le vieillard à nouveau vers le bas, quand la vie s'achève. Ainsi, bien sûr du pouvoir : Fortune vous hausse vers puissance et richesse, puis – la roue tourne – voici l'heure de la chute. Que la Fortune soit parfois représentée sous forme d'Ange, et que l'on tente ici ou là d'installer Dieu à sa place, rien n'y fait : la Roue de Fortune contredit l'idée de Providence.

Cette contradiction n'a pourtant jamais fait l'objet, au Moyen Age, d'un débat de fond. Elle devait être si forte qu'on semble avoir voulu l'éviter – car il y a des failles et des évitements à l'intérieur de cette civilisation si contrôlée et si portée vers la cohérence.

J'en profite pour évoquer ici une conviction qui soustend ma lecture de l'histoire sans que je veuille parler de philosophie de l'histoire, tentation dont je me méfie. Je constate — c'est banal — qu'à toute époque les sociétés renferment ce qu'on est tenté de définir comme des incohérences. Ces contradictions internes sont dues en particulier à l'amalgame imparfait des strates historiques dont chaque époque hérite et des différences de marche des divers éléments constituant la civilisation. Une société ne marche pas en tout du même pas. Le temps concret de l'histoire est hétéroclite. Et plutôt que de contradictions, les sociétés historiques me paraissent traversées de *tensions* dont les conflits constituent d'ailleurs la *dynamique* de la société. Le Moyen Age me paraît d'autant plus dynamique qu'il recèle de nombreuses et puissantes tensions.

Le temps n'existe pas sans l'espace. Peut-être la Roue semblait-elle mieux représenter le temps.

Il eut fallu, pour cela, que le Moyen Age ait une conception cyclique du temps, ce qui n'est pas le cas, malgré la Roue de Fortune. L'année liturgique – bien que se bouclant sur elle-même – est paradoxalement un outil pour imposer l'idée d'un temps linéaire. L'Eglise se sert du retour cyclique des saisons et des fêtes pour redire, à chaque fois, que l'humanité va d'un début jusqu'à une fin, et que la fin n'est pas un recommencement mais une renaissance dans un autre monde, qui sera un monde définitif, sans temps.

Bien sûr, les hommes et les femmes du Moyen Age peinaient à imaginer cet au-delà qui – n'appartenant plus au temps – ne se déployait pas dans un espace visible. D'où l'extraordinaire travail pour se représenter les « lieux » de l'au-delà : le paradis, l'enfer, puis – travail encore plus subtil – cette invention du purgatoire, à laquelle j'ai consacré un livre en 1981.

Le purgatoire est, si l'on peut dire, une salle d'attente destinée aux pécheurs moyens et ordinaires (*mediocres*, en latin), qui ne peuvent se rendre directement au paradis, mais qui ne méritent pas l'enfer pour autant. Presque tout chrétien pouvait donc penser qu'il passerait par ce purgatoire pour être nettoyé de ses fautes. C'était réconfortant. Chacun supposait qu'il pourrait échapper à l'enfer. On se représentait toutefois assez mal ce lieu vague et gris où l'âme se languissait d'être si proche de Dieu, sans pourtant accéder jusqu'à Lui. On en fit un enfer moins terrible, en tout cas temporaire.

On voit l'ambiguïté. L'enfer est monstrueusement terrestre, si terrestre qu'il est souterrain. Cela ne surprend pas. Les méchants s'y trouvent punis par là où ils ont péché. Ils sont condamnés à la prolongation perpétuelle de ce qu'il y a de pire dans l'espace-temps, alourdi par tous leurs actes. A l'inverse, on s'efforce de représenter le paradis de façon toujours plus aérienne, céleste, ineffable : on suggère ainsi un espace et un temps aussi libérés d'eux-mêmes qu'il est possible de l'exprimer lorsque l'on use d'images.

Si l'on pense de surcroît qu'il existe, après la mort, un rattrapage possible, cela crée une contradiction. L'idée de purgatoire oblige à définir une certaine forme d'espace et une certaine forme de temps là où l'Eglise enseigne, par ailleurs, qu'il n'y a plus d'espace, ni de temps. Il faut élaborer un espace intermédiaire entre le monde et l'au-delà, entre la mort individuelle et la Résurrection collective.

Quand on prie pour les âmes du purgatoire, quand on fait dire des messes pour les disparus, quand on s'efforce d'obtenir des *indulgences*, tout cela l'Eglise vous le monnaye sous forme de *jours*. Le chrétien obtient ainsi de son vivant, pour lui-même ou pour les autres une réduction de sa durée d'attente. Selon les prières, les pénitences ou les sommes versées, on peut soustraire à cette purgation des dizaines, voire des centaines de jours, longs comme ils le sont dans l'au-delà. Il existe des tarifications précises, dont se gausseront les protestants. Que sont des *jours* dans un temps dont on professe, par ailleurs, qu'il ne compte plus de jours ? « *Mille ans sont à tes yeux,* dit le Psaume 90, *comme le jour d'hier qui passe, comme une veille dans la nuit.* »...

Cette spatialisation du purgatoire avait des conséquences essentielles. Elle accroissait le pouvoir de l'Eglise, dont l'aide était nécessaire pour diminuer la longueur des séjours dans un lieu aussi pénible que l'enfer — à cette nuance près qu'il n'était pas éternel mais à durée variable. Avant la construction du purgatoire, historiquement, l'homme vivant dépendait sur terre du droit de juridiction de l'Eglise, le *for* ecclésiastique. L'homme mort, pour sa part, relevait uniquement du for divin. Mais avec le purgatoire, les âmes (humaines, dotées d'une espèce de corps) dépendent désormais du *for conjoint* de Dieu *et* de l'Eglise. L'Eglise fait déborder son pouvoir, son *dominium*, au-delà de la mort.

Mon étude sur le purgatoire me fit comprendre qu'une civilisation se définissait au premier chef par sa maîtrise de l'espace et du temps. La civilisation médiévale ne pouvait se saisir qu'en ajoutant la maîtrise de l'espace et du temps dans l'au-delà à celle dans l'ici-bas, sur terre. La civilisation médiévale reposait sur l'absence de frontière imperméable entre le naturel et le surnaturel. L'éternité qui abolirait l'espace et le temps était vraiment rejetée hors de l'histoire.

D'autre part, le purgatoire modifiait profondément les rapports entre les vivants et les morts. Les morts dans le purgatoire ne disposaient plus d'aucun pouvoir sur leur destinée, sur leur salut, même si leur réception en ce lieu laissait entrevoir un accueil final au paradis. La durée de ce séjour et des tourments qu'on y subissait dépendait des vivants, de leurs *suffrages*. Avant la fin du XIIe siècle, les vivants priaient, faisaient des donations à l'Eglise « *pro anima* », pour l'âme – pour les âmes qui leur étaient chères, mais le mécanisme et l'efficacité de ces dévotions demeuraient vague, mystérieux. Le purgatoire fut l'explication. Il scella définitivement la solidarité de l'humanité, il l'unit dans l'espace et le temps.

On découvre ici une autre des failles internes au Moyen Age. Cette civilisation évite là encore d'y faire face. Fortement utilisé par l'Eglise, fortement implanté dans les esprits, le purgatoire pose plus de problèmes qu'il n'en résout. C'est d'ailleurs cette faiblesse qu'utilise Luther lorsqu'il se dresse en 1517 contre la vente des *indulgences* dont l'Eglise, notamment le Siège romain, tirait des fonds considérables. Mais un fait est indéniable. Jusqu'au purgatoire, la vie et la mort séparaient le for ecclésiastique et le for divin, le pouvoir de juridiction de l'Eglise et celui de Dieu. Les vivants répondaient au tribunal de l'Eglise, les morts à celui de Dieu. Avec le purgatoire, la juridiction devenait mixte. L'Eglise mordait sur la mort.

Europe ou Occident ?

La civilisation médiévale pousse loin ses efforts pour se représenter l'invisible. Qu'en était-il du monde visible ?

Celui-ci se partage entre ce que j'appellerai un *micro-espace*, accessible à l'expérience commune, et un *macro-espace*, moins aisément perceptible et mesurable. Car on dispose encore de peu d'instruments pour se représenter le monde réel.

S'agissant du macro-espace, il est frappant de constater combien les hommes du Moyen Age circulent. Dès l'époque de Charlemagne, quand les contacts avec l'Orient sont réduits et quand le commerce n'a pas pris l'importance que l'on sait, les nouvelles vont vite. Les terres lointaines intriguent. Les clercs n'en ont certes qu'une conception vague et souvent fabuleuse. Les cartes sont fantaisistes. Devant décrire l'Europe centrale, la Pologne, l'Ukraine, certains géographes se contentent de noter : *Ibi sunt leones*, « là se trouvent des lions » ! Mais on explore tout de même, très tôt, à la recherche d'itinéraires nouveaux. Michel Mollat a pu consacrer un beau livre aux « explorateurs » du Moyen Age.

Au risque de surprendre, je dois dire et redire que le Moyen Age est d'abord, en cela, une grande époque de circulation maritime et fluviale. Il n'y a pas de bons moyens de transport terrestres. L'Orient arabo-musulman repose sur les routes et les caravanes. L'Occident, lui, choisit – très tôt — la mer. Il n'avait, à vrai dire, pas le choix. Sa situation géographique le lui imposait, malgré une méfiance atavique. La mer trahit, la mer fait peur. Tempêtes, naufrages, monstres vomis par les profondeurs, baleine de Jonas et autres Léviathan – la liste serait longue de tout ce que nous propose l'iconographie.

Malgré cela, le pragmatisme s'impose. L'Occident médiéval a besoin de la mer. Figure du chaos, non-lieu, elle n'en doit pas moins être maîtrisée. Les avancées techniques en matière de navigation seront considérables. Faut-il rappeler l'importance précoce des grandes cités maritimes italiennes ou des quelque 200 villes contrôlées par la Hanse, réparties des Pays-Bas jusqu'au golfe de Finlande ?

Cette maîtrise concrète contraste avec les perfectionnements plus tardifs en matière de cartographie. Les cartes continentales, décrivant l'intérieur des terres, restent assez vagues, on l'a vu. En revanche, le progrès des cartes marines est, très logiquement, plus sensible, si bien qu'à la fin du XIIIe siècle, les Catalans mettent au point des cartes côtières – les portulans – dont l'exactitude va croissant. Et l'on verra, avec Christophe Colomb, que l'Occident finit par défier la haute mer.

L'Occident médiéval a-t-il le sentiment de ses frontières ? A-t-il conscience de représenter une entité ?

Cette civilisation se veut une chrétienté, voire le plus souvent « la » Chrétienté – oubliant comme d'habitude l'Eglise d'Orient. Un océan la borde à l'Ouest, qui ne mène nulle part. Vers l'Est et le Sud se trouvent des religions différentes, hostiles et, au fond, païennes. L'Occident médiéval n'a, de surcroît, aucun projet de conquête, contrairement au monde musulman.

Comme son nom l'indique, la *Reconquista* espagnole est, en effet, une « reconquête », une ré-appropriation. Même chose pour les Croisades. Les Occidentaux – que les Byzantins nomment Francs et les musulmans Roumis (Romains) – ne prétendent pas conquérir de nouveaux domaines. Ils croient se réinstaller sur la terre des origines : la Palestine leur semble tout aussi naturellement chrétienne que Rome. Si Byzance paraît à beaucoup une ville étrangère, il n'en va pas de même pour Jérusalem, où mourut et ressuscita le Christ. Et Jérusalem, les cartes erronées le montrent à l'envi, se trouve au centre du monde.

Il existe donc bien une Europe, évidemment chrétienne, ayant le sentiment de valeurs et d'intérêts communs. Issue de l'Empire romain d'Occident, elle se caractérise par un basculement. Parler de « mare nostrum » pour la Méditerranée n'a plus aucun sens. Celle-ci devient une frontière, tandis que la civilisation s'étend en quelques siècles vers le Nord, bien au-delà des limites romaines.

S'agissant de l'Est, l'Occident reste indécis. Les savants médiévaux, reprenant la tradition grecque, fixent la limite de l'Europe au fleuve Tanaïs, le Don. Il ne s'agit pas, pour reprendre la formule gaullienne, d'une Europe « de l'Atlantique à l'Oural ». La Russie s'en trouvait doublement exclue : elle avait été christianisée par Byzance et subissait des invasions tatares.

Du point de vue géopolitique l'héritage médiéval reste, on le voit, assez imprécis. Il ouvre le champ à des conflits et à des notions d'héritage assez flottantes. Les futures difficultés de l'Europe centrale et de l'Europe orientale s'y trouvent déjà en puissance. Et l'Europe demeure implicite, en gestation, non consciente. C'est mon principal thème de réflexion et de recherche aujourd'hui, où une Europe unie semble vouloir se faire.

A l'intérieur de ce macro-espace, *quand l'attention se porte sur la Chrétienté elle-même, on change d'échelle. Vous parlez alors d'un* micro-espace.

Si l'on se place à l'intérieur de la Chrétienté, les choses changent, en effet. Ses micro-espaces (états, villes, principautés, seigneuries, évêchés, etc.) sont un legs durable. Ils constituent l'un des fondements de cette cohérence propre à la civilisation médiévale. La nôtre leur doit beaucoup. Tout au long du Moyen Age, la Chrétienté est une et diverse, une et fragmentée à la fois. Telle est l'Europe que le Moyen Age nous a léguée. Opposer l'Europe unie et les nations est aujourd'hui un contresens historique.

Il faut d'abord établir le rapport qu'entretiennent, dans la Chrétienté, le centre et la périphérie. La plupart des historiens – sensibles à l'idéal hiérarchique du Moyen Age – voient l'Europe se construire par un mouvement d'expansion du centre vers les périphéries : l'occident médiéval naîtrait entre l'Ile de France et l'Allemagne rhénane pour se diffuser vers le Nord et vers l'Est, tout en se combinant avec les restes de l'Antiquité, présents dans les pays du Sud.

Je suis, pour ma part, plus attentif à l'importance des périphéries. D'abord parce que Rome, haut lieu du christianisme occidental, se trouve désormais, non plus au cœur de la Méditerranée, mais sur la frontière qui sépare l'Orient de l'Occident. Géographiquement périphérique, Rome est pourtant idéologiquement au cœur de cette civilisation.

Le christianisme médiéval n'a pas oublié la parabole de la brebis égarée : le bon berger laisse son troupeau pour aller chercher la brebis manquante, car il veut qu'aucune ne soit perdue. L'Eglise médiévale a donc le souci de la périphérie, et c'est souvent en périphérie que se trouvent les bergers du troupeau. L'Irlande, dont le christianisme latin avait été préservé des grandes invasions, devient au

VIIe siècle, le foyer de la nouvelle évangélisation du continent. Saint Colomban (v. 540-615), pour ne citer que lui, prêche la réforme en Gaule, fonde de nombreux monastères des régions rhénanes jusque dans l'Apennin à Bobbio où il meurt en 615. Par la suite, les Scandinaves, les Slaves occidentaux, les Germains, les Hongrois exercent une forte attraction sur la chrétienté, avec de nombreux effets en retour. Et que dire de l'influence constante des espaces méditerranéens où les chrétiens se trouvaient confrontés à l'islam : l'Italie, la Sicile, l'Espagne, le Portugal ?

Ne pensons pas, toutefois, en termes identitaires cette cohérence à l'œuvre dans toute la Chrétienté, comme si se développaient des « sentiments nationaux ». Les découpages et redécoupages de la France durant la guerre de Cent Ans, ardemment idéologisés au XIXe siècle, ne doivent pas nous abuser. Cette lutte oppose deux monarchies. Plusieurs puissants princes, comme le duc de Bourgogne, y mènent leur propre jeu. Il s'agit d'une grande dispute d'héritage avec tous les problèmes de succession, de patrimoine, de division, d'échange, de remembrement qui s'ensuivent. Les réseaux d'appartenance territoriale ou de fidélité personnelle se font puis se défont jusqu'à trouver un point d'équilibre, avec la mise hors-jeu des Anglais. La dernière phase de ces conflits dynastiques et princiers, ouverte avec le traité de Troyes (1420) puis le sacre de Charles VII (1429), se caractérise en France par une profonde haine anti-anglaise. Celle-ci n'est que l'autre face d'un attachement à la Couronne de France. On combat pour le roi d'une patrie non d'une nation. C'est l'univers de Jeanne d'Arc.

Au pluriel, le mot « nations » désigne les populations païennes ou mécréantes, par opposition au peuple de Dieu. Au singulier, une « nation » représente un certain nombre de personnes – étudiants, artisans, marchands – dont les origines ou les intérêts sont communs. Ces groupes sont définis de manière parfois surprenante pour qui sait l'histoire à venir du continent. L'Université de Paris, en 1470, inclut ainsi les Allemands dans la nation anglaise. Elle distingue par ailleurs les Picards et les Normands des Français ; lesquels Français englobent les Espagnols et les Italiens… Nous sommes pourtant après la guerre de Cent Ans. Les nations sont bien, pour l'essentiel, une réalité et un problème des XVIIIe et XIXe siècles.

En revanche des espaces géopolitiques s'organisent à l'intérieur de l'Occident. Ils ne deviennent que très progressivement, et inégalement, des Etats. Ce sont les trois grandes monarchies de France, d'Angleterre et d'Espagne. Celle-ci d'ailleurs unifiée seulement à la fin du XVe siècle, quand se réuniront Castille et Aragon, Leon et Navarre, déjà absorbés ou marginales. Ces monarchies forment des pôles à l'intérieur de réseaux mouvants faits de villes plus ou moins puissantes et de seigneuries.

De ce point de vue, il faut partir des IVe et Ve siècles. Car tout commence à cette époque, quand se développe la vénération des reliques. Celles-ci constituent le point d'ancrage d'un monde qui se cherche. Leur culte suscite le premier balisage de ce qui deviendra l'Europe.

Les reliques sont des restes physiques – corporels – de personnes reconnues saints ou saintes. Par extension, un objet ayant touché le corps du saint (de la sainte) constitue également une relique. L'Antiquité gréco-romaine ne s'attachait qu'aux objets rappelant les héros ou les grands hommes. Comme le judaïsme, de surcroît, la culture hellénique tenait le contact avec un cadavre pour une souillure majeure. Avec les chrétiens, tout se renverse. Le saint ressuscitera. Il figurera parmi les élus lors du Jugement dernier. Il pourra intervenir en faveur de siens. Il faut donc qu'il reste inséré – incarné – dans la communauté. On rend visite à sa tombe comme on rend visite à un *patron* (*patronus*, le protecteur, le défenseur). On souhaite être enterré près de cette tombe. Le corps du saint, les objets liés à son corps sont, en effet, le saint lui-même – intercesseur auprès de Dieu, susceptible d'obtenir de Dieu pour ses fidèles un miracle dans cette vie, des indulgences dans l'au-delà.

Autour des reliques s'élèvent donc des églises, voire plusieurs bâtiments. Les fidèles s'y rendent en pèlerinage. Cela crée, au niveau d'une région, et souvent même sur tout le continent, des chemins, des routes, des itinéraires. Ce repérage très fort diffère souvent du maillage romain, et ne s'y greffe qu'en partie.

Jusqu'au XIe siècle, l'Europe est d'abord un réseau de sanctuaires. Le développement des échanges commerciaux se fait parfois sur ce réseau. Mais le commerce, au fil des ans, suscite d'autres points d'ancrages autour des foires et des ports – là où se développent également des places bancaires. Le réseau commercial souhaitera bien sûr se donner une légitimité en se trouvant lui aussi des reliques. Celles-ci, dans ce cas, restent néanmoins secondes. Elles ne créent pas le lieu, cette fois, mais le consacrent. Acquisition, translation, vol ou falsification des reliques échauffent souvent les esprits tout au long du Moyen Age.

L'émergence des trois grandes monarchies, des pouvoirs urbains et des seigneuries ne se précise donc véritablement qu'en fonction du double réseau des reliques et du commerce. Ce renforcement va de pair avec l'échec politico-spatial de la notion d'Empire, et cela malgré le prestige de Charlemagne qui tenta d'en recréer une forme nouvelle.

Il y eut, certes, de 936 à 1002, le rêve presque réalisé des trois Ottons. Otton III plaça son ancien précepteur Gerbert d'Aurillac (Sylvestre II) sur le trône de saint Pierre (999). Il fit de Rome sa capitale. Soutenu par le pape, il parut reconstituer l'empire chrétien. Sa mort rapide, en 1002, à 21 ans, fit tourner court l'expérience. Dès 1075, le pape Grégoire VII, l'homme de la réforme grégorienne, excommunia l'empereur Henri IV, contraignant celui-ci à prendre le chemin de Canossa pour une humiliante demande de pardon. L'Empire, sans qu'on en ait conscience, a vécu, comme pouvoir réel. L'aire germanique entre dans le système complexe des principautés, grands ou petits royaumes et autres duchés. La France explicitement, l'Angleterre, *de facto,* se détachent de l'Empire qui ne maintient qu'une souveraineté chancelante sur l'Italie démembrée par les principautés, les villes et la Papauté qui se taille des territoires formant l'Etat pontifical, le patrimoine de Saint Pierre. Le rêve reste tenace puisque plusieurs monarchies se voudront impériales. Sans oublier l'entreprise napoléonienne et le délire hitlérien du Grand Reich.

La féodalité

Parmi les « réseaux mouvants », vous citez celui des seigneuries. *Vous employez rarement le mot* féodal, *pourtant répandu.*

Vous l'avez vu, beaucoup de mots que nous utilisons pour qualifier le Moyen Age sont de création récente. *Religion,* au sens où nous l'entendons, apparaît au XVIe siècle, *Féodalité* apparaît au XVIIe siècle et *Croisade* au XVIIIe... Cela ne m'empêche pas d'user de ces mots et d'en introduire d'autres, eux aussi « anachroniques », comme *intellectuels, Seigneurie* est plus près des conceptions et du langage d'époque.

Le Moyen Age – Georges Duby l'a magnifiquement rappelé – repose sur la terre. Le Moyen Age est rural. C'est sur la ruralité que s'articule l'ensemble des autres réseaux.

Au départ, existait un semis de domaines romains : les *villae* (voyez tous les noms en *ville* de notre toponymie). Vers l'an mille, ces villae se structurent différemment. Deux entités se précisent. Plusieurs maisons d'agriculteurs ou d'artisans attachés aux réparations et fournitures forment, d'une part, un village. De l'autre, un lieu fort se spécialise dans la protection et les petites formes d'arbitrage : la seigneurie.

Le village au XIe siècle a un centre : l'église. Elle est flanquée du cimetière, puisque les morts doivent se trouver le plus près possible du ou des saints patrons. Le village rassemble des habitants qui ne sont pas tous agriculteurs. Les artisans y représentent une force sociale importante. Ce sont des « coqs de village », ou des petits notables, si l'on préfère, qui ont laissé leur trace dans nos noms de famille. Ainsi des meuniers : Meunier, Müller, Miller... Ainsi des forgerons : Le Faivre, Lefèvre, Fabre, Smith, Schmidt, etc. ou Le Goff, en breton !

Durant le XIe siècle, également, se développe un phénomène que Pierre Toubert nomma *incastellamento* (l'enchâtellement, si l'on peut dire), par référence à l'Italie, et que Robert Fossier décrit comme l'*encellulement*. L'échec du modèle impérial, l'absence de pouvoirs centralisateurs forts (les monarchies sont encore incertaines) favorise le recours à des supérieurs, soit que ceux-ci résident en ville, comme en Italie, soit qu'ils vivent à la campagne, comme en France ou en Angleterre. C'est autour d'eux que se rassemblent, en cas de besoin, hommes, bêtes, récoltes et instruments de travail. Les villes se fortifient. Les campagnes voient paraître des mottes naturelles ou artificielles fortifiées, puis des donjons ou des châteaux forts. Ainsi se confirme la *seigneurie* qui exprime bien la fonction exercée : domination, autorité.

Le seigneur inférieur, en contrepartie des services rendus à un supérieur, reçoit un bénéfice, un *fief*. Ce mot d'origine germanique désigne le don ou le contre-don que s'échangent les parties au terme d'un conflit. Il suppose donc des liens d'échange. Les seigneurs ayant tendance, comme les modernes chefs d'entreprise, à vouloir transmettre le fief à leurs enfants, le fief devient progressivement synonyme de domaine foncier ou de redevances perçues de façon héréditaire. Les fiefs font l'objet d'absorptions ou de partages entre les seigneurs, avec ce que cela suppose de conflits, éventuellement armés. Se développe ensuite autour de ces liens sociaux entre les seigneurs et leurs sujets, ou entre les seigneurs et les autres seigneurs ces vassaux, toute une idéologie, voire une mystique, chevaleresques.

Observons seulement que le système des fiefs, la *féodalité*, n'est pas, comme on l'a dit souvent, un ferment de destruction du pouvoir. La féodalité se met en place, au contraire, pour répondre aux vacances de pouvoir. Elle forme l'unité de base d'une profonde réorganisation des systèmes d'autorité, le cadre indispensable à l'apparition des Etats. La féodalité connaît sa grande époque du Xe au XIIIe siècle. Au contraire de la seigneurie – qui la précède et qui persiste après elle – la féodalité, conçue au sens strict, ne peut donc s'identifier à l'ensemble du Moyen Age.

Marc Bloch, Georges Duby et plus récemment Dominique Barthélemy, ont distingué deux âges soit de la féodalité, soit de la seigneurie. le premier âge féodal concerne essentiellement les couches supérieures de la société rurale : les seigneurs et leurs vassaux qui sont en général au XIe siècle des chevaliers. L'aboutissement de cette évolution à partir du XIe englobe, en les regroupant, tous les habitants de la seigneurie où le pouvoir du seigneur repose sur le droit de *ban*, c'est-à-dire de commandement général, dans les domaines militaire, économiques, juridique. C'est la notion de *dominium,* la seigneurie. Quand le XVIIIe siècle s'en prit violemment aux pratiques « féodales », celles-ci n'étaient qu'un reste lointain, et démembré, d'un système déjà très affaibli aux XIVe et XVe siècles.

Vous insistez sur le fait qu'il existe aussi des seigneurs urbains.

L'essor des villes bouleverse l'espace. Ces nouvelles villes présentent une topographie originale, qui, hors le plan pour certaines, doit peu aux villes antiques, tant par les monuments sauf exception, que par les maisons, car la fonction de la ville a changé.

Les villes se trouvent en effet à l'intersection de plusieurs réseaux ruraux. Elles forment également réseau les unes avec les autres – ou contre les autres. En Italie, mais aussi en Allemagne, elles exercent l'essentiel du pouvoir – une seigneurie – par des systèmes d'alliances commerciales et politiques. C'est particulièrement net en Italie, où les villes jouent contre l'Empire ou contre le pape, voire contre les deux.

Entre la ville et les campagnes existe-t-il encore des zones « hors réseau », de non-droit, comme on dit aujourd'hui ?

Disons qu'il existe une zone où le droit s'exerce de façon prudente et négociée : la forêt. En Angleterre notamment, la forêt appartient à la royauté comme territoire à part. La forêt fait peur. L'obscurité, la profusion, y font perdre le chemin. Des bêtes rôdent ; et des brigands s'y réfugient – quand ce ne sont pas des ermites ou des rebelles, plus ou moins identifiés comme Robin des Bois ! J'ai pu comparer le rôle de la forêt occidentale à celui du désert oriental. Le Moyen Age exploite néanmoins la forêt de manière active, et se livre à de grands défrichements, faisant ainsi reculer cette zone d'incertitude.

Il ne faudrait pas oublier, non plus, ces autres espaces naturels – parfaitement contrôlés, eux – que sont les étangs. La civilisation chrétienne a besoin de poissons pour les importantes périodes où l'Eglise impose de manger « maigre », notamment durant le Carême, qui dure quarante jours. Vu les difficultés de transport et de conservation, le poisson du Moyen Age est surtout un poisson d'eau douce. Il faut attendre le XIVe siècle et la technique de la caque, mise au point par l'Europe du Nord, pour qu'un poisson de mer, le hareng, voyage loin dans les terres. Beaucoup d'étangs sont de création artificielle. Ils appartiennent aux monastères — ou collectivement aux villages. Certaines régions, comme la Franche-Comté, en portent encore la marque aujourd'hui.

Le prestige du droit

L'espace, tel que vous le décrivez, suppose le développement de règles, de codes et de lois. C'est donc un espace régi par le Droit.

Etant peu porté sur les choses juridiques, je n'ai pendant longtemps pas assez tenu compte de cet univers. Je dois au grand historien du Droit qu'était Gabriel Le Bras – qui fit notamment d'importantes recherches sur le mariage – d'être revenu sur cette inattention. Ses travaux m'ont fait sentir à quel point le Droit nous renseignait sur la vie intellectuelle et sociale et régissait aussi bien la vie urbaine que la vie rurale.

Spontanément, qui parle de Droit pense tout de suite au droit romain, à l'héritage impérial, si fort en Occident. On sous-estime ainsi l'importance et la créativité du Droit dans la civilisation médiévale. Sans doute parce que le droit romain s'impose comme un droit *écrit*, tandis que le droit médiéval repose sur des coutumes et des traditions *orales*. Opposition excessive : le Moyen Age – civilisation du Livre – a constamment modelé, remodelé et mis en forme les principes coutumiers. Car l'esprit médiéval tend à l'universel tout en s'attachant, on l'a vu, à l'incarnation *hic et nunc* dans un lieu et une personne.

A compter du XIIe siècle – porté par le mouvement de renaissance des études romaines – le droit coutumier est couché par écrit. Les pouvoirs pré-étatiques, les monarchies en voie d'installation, ont besoin de textes auxquels se référer, en particulier d'une bonne connaissance des diverses *coutumes* auxquelles sont attachées régions, villes et villages.

Cette mise en ordre coïncide, comme l'a bien montré Gabriel Le Bras, avec l'élaboration de la plus grande invention juridique médiévale : le droit canon (du grec *kanôn*, qui sert de règle). Celui-ci régit le fonctionnement de l'Eglise et les relations de l'Eglise avec la société. C'est dire son importance dans un monde où l'Eglise est omniprésente, et l'imprégnation juridique des mentalités profonde.

Depuis longtemps, l'Eglise disposait de références nécessaires à son organisation : des textes des Pères, des documents pontificaux, les décrétales antiques, souvent fausses. Il devenait pourtant indispensable de les mettre en ordre, d'en lever les contradictions et d'en tirer des principes. Ce fut l'œuvre vers 1140 d'un ou de plusieurs moines de Bologne – la tradition désigne un certain Gratien – avec la *Concordia discordantium canonum*, la « concordance » (conciliation) des textes contradictoires.

Il s'agit d'une anthologie, si l'on peut dire, réalisée à partir de milliers de textes juridiques tirés de diverses sources, y compris les Ecritures et les Pères de l'Eglise. Ces morceaux choisis font l'objet d'un classement et s'efforcent de répondre aux questions posées quand les autorités semblent diverger. Ce travail remarquable, venant d'une des plus dynamiques villes italiennes, s'imposa rapidement. On le nomma *Décret de Gratien*, ce qui témoigne de son prestige : un décret est, à cette époque, une décision émanant du pouvoir. Le *Décret de Gratien* fut, dès lors, enrichi tout au long du Moyen Age d'additions dues à la plupart des papes : les *décrétales*.

La civilisation médiévale s'appuie donc sur le Droit pour cerner les problèmes, et pour justifier les décisions. Elle répond ainsi au profond souci de *sécurité* qui se manifeste dans tous les domaines, aussi bien dans l'économie (le XIVe siècle voit naître les premières assurances) que dans la religion : la réorganisation des sacrements est un moyen d'éviter l'inquiétude, d'offrir des repères.

Dans le poème du *Dies irae*, le pécheur se définit lui-même comme un accusé comparaissant devant un juge, et joue constamment du vocabulaire d'un procès : Dieu le Père, juge redoutable mais juste, n'est-il pas aussi Dieu le Fils, le meilleur avocat de la cause des hommes ? Tout terrifiant qu'il soit, le « jour de colère » du Jugement dernier

– avec ses images d'Apocalypse – se révèle rassurant puisqu'un système accusation/défense y fonctionne, avec la certitude que la justice y sera bonne. Le Purgatoire, en particulier, permet toute une gradation des peines, évitant le tout ou rien. Chacun peut raisonnablement espérer ne pas subir la peine suprême qu'est l'Enfer.

Le développement du droit accompagne aussi l'émergence des monarchies. Celles-ci répondent à l'attente d'une sécurité politique. Autour de Philippe Auguste, qui régna de 1180 à 1223, on trouve peu de juristes. Autour de Philippe le Bel, un siècle plus tard, les fameux « *légistes du roi* » sont légion.

L'image célèbre du chêne de Vincennes, sous lequel saint Louis rend justice illustre à merveille cette évolution : le roi s'efforce de maintenir l'équilibre entre les nouveaux hommes de loi et les coutumes traditionnelles. En se rendant familièrement à l'ombre du chêne – et n'ignorant sûrement pas le caractère symbolique, rassurant, de cet arbre – saint Louis combine les deux formes, juridiques et non-juridiques. Il accueille lui-même les plaignants, les écoute mais ne tranche pas directement : il se tourne vers l'un de ses juristes et lui demande de décider selon le Droit. Il y a sans doute discussion entre eux afin de clarifier la situation et lever d'éventuelles ambiguïtés. D'une certaine manière le roi ne rend pas de jugement : il s'efforce de discerner le Droit et de faire procéder par un spécialiste selon le Droit, un droit qui n'est souvent pas encore fixé. Dans ce Moyen age créateur, il y a aussi bouillonnement juridique.

Cette même judiciarisation de la vie quotidienne se retrouve dans le domaine municipal. Les villes créent des institutions chargées de gérer les litiges. Elles recourent à de nombreux hommes de loi. Elles en forment. Et les simples citadins peuvent toujours avoir accès à l'un ou l'autre de ces personnages, dont la hiérarchie s'étend du simple expert jusqu'aux maîtres de l'Université, en passant par les notaires, les légistes, etc.

Bien sûr, ne soyons pas naïfs : le Droit médiéval a ses carences, ses lourdeurs et ses injustices – tout comme le nôtre. L'esprit juridique n'est d'ailleurs pas étranger à l'institution de l'Inquisition, instrument d'enquête et de recherche pour éradiquer l'hérésie. Lorsque Grégoire IX (qui régna de 1227 à 1241), lui-même juriste, en fait le principal outil de la papauté dans sa lutte contre l'hétérodoxie, il consacre paradoxalement le triomphe du Droit. On sait l'attachement de l'Inquisition au respect des procédures et des codes, y compris dans l'usage de la torture. On sait aussi que cette hantise de l'hérésie est l'une des plus sombres faces du christianisme médiéval. Et son succès fut limité.

Comment expliquer une telle hantise ?

Il y a une logique propre au christianisme – sans doute liée au monothéisme lui-même – dès lors que la nouvelle religion s'est installée. Durant l'Antiquité tardive, de violents conflits se déroulèrent sur d'importants points du dogme, notamment la définition de la Trinité ou la nature divine du Christ. Et très vite apparut la notion d'*hérésie*, mot grec qui signifiait à l'origine « choix sectaire ». La crise de l'iconoclasme, qui fut sanglante, se solda par le triomphe, en Orient, de l'*orthodoxie*, c'est-à-dire de la « juste doctrine » : ceux qui ne l'acceptent pas sont dès lors *hétérodoxes*, « personnes ayant une croyance autre (que la juste) ». Et, comme l'Eglise d'Orient s'appuie sur l'empereur, tout hétérodoxe devient *de facto* politiquement suspect.

On retrouve un mécanisme comparable en Occident. Mais la séparation des pouvoirs en changea le développement : il revient à la hiérarchie ecclésiastique de définir l'hérétique, et plus encore à la papauté. On resterait alors dans le domaine de la controverse religieuse, si l'Eglise ne représentait pas le fondement même de l'ordre et de la légitimité. A ce titre l'hérétique commet un double crime de lèse-majesté : il offense la majesté divine, mais aussi la majesté du pouvoir, religieux et laïque. Il est donc lui aussi politiquement suspect. Et s'il revient à l'Eglise de l'identifier, il revient ensuite au « bras séculier » — c'est-à-dire au pouvoir laïque – de rétablir l'ordre. S'agissant d'un crime identifié à celui de lèse-majesté, la sanction ne peut qu'être extrême.

Dans la pratique, la lutte contre l'hérésie recoupe les enjeux de pouvoir. L'Eglise fait ainsi pression sur les pouvoirs laïques : s'ils ne se comportent pas en seigneurs « très chrétiens », chassant l'hérésie, leur légitimité risque de vaciller. En retour, les pouvoirs laïques, lorsqu'ils affrontent des dissidences sociales ou politiques ont intérêt à les dénoncer comme des hérésies, et contraindre l'Eglise à légitimer leurs actes. Le procès de Jeanne d'Arc sous la pression anglaise en est l'une des illustrations les plus frappantes.

On voit d'ailleurs, à compter du XIe siècle, l'accusation d'hérésie servir de plus en plus fréquemment pour éliminer les critiques du (ou des) pouvoir (s) – y compris du pouvoir ecclésiastique. En ces temps d'appel à la réforme de l'Eglise, ceux qui dénoncent radicalement sa corruption passent pour hérétiques, même si leur adhésion aux dogmes fondamentaux du christianisme semble « orthodoxe ». Les hérésies purement doctrinales sont en fait assez peu nombreuses au Moyen Age. La plus célèbre d'entre elles, celle des cathares, qui a mobilisé la toute jeune Inquisition et le pouvoir royal n'est d'ailleurs sans doute pas une hérésie à proprement parler, mais plutôt une religion différente, non chrétienne, un manichéisme strict.

En ce domaine, de toutes façons, l'historien ne peut se prononcer. Il ne lui appartient pas de dire si telle ou telle hérésie est, oui ou non, fondamentalement en désaccord avec le message chrétien. Il constate que l'Eglise a décrété hérétiques telles ou telles personnes, et cherche ensuite à comprendre ce qui se passe – sachant, de surcroît, que la documentation vient presque exclusivement des pouvoirs en place.

Plus profondément, je crois que cette hantise de l'hérésie est la part d'ombre du grand projet médiéval de *faire corps*. Les textes le disent d'ailleurs clairement : l'Eglise, donc l'ensemble de la chrétienté, forme un corps censément harmonieux et hiérarchiquement ordonné. Ce qui ne s'y greffe pas est à la fois menaçant et angoissant.

Idéalement, l'Inquisition veut d'ailleurs sauver l'hérétique, en suivant une logique imparable. Jusqu'au dernier moment, jusqu'à la dernière seconde précédant son exécution, on attend de l'hérétique qu'il confesse sa faute, qu'il reconnaisse son erreur. Il n'en mourra pas moins, mais il mourra sauvé. Le supplice enduré sur terre lui permet alors d'éviter l'enfer et de rejoindre, après la dose nécessaire de purgatoire, le grand corps de la Chrétienté céleste.

Je reprendrai volontiers, dans un autre sens, la parabole de la brebis égarée. Quand une brebis s'égare, le berger s'en va la rechercher pour la réintégrer dans le troupeau. Mais si la brebis est rétive ou menace l'unité du troupeau, elle est rejetée. Cette période qui fait éclore un véritable humanisme n'a pas su en éviter l'une des plus pernicieuses dérives. L'exclusion — jusqu'à la mort.

5

SUR LA TERRE COMME AU CIEL

Lisant l'*Histoire de saint Louis* que rédigea sur ses vieux jours (1305-1309), Jean, sire de Joinville, sénéchal de Champagne, compagnon et ami du roi de France Louis IX, j'ai été frappé par un curieux passage. Les croisés se trouvent dans la ville d'Acre. Le roi réunit un conseil pour trancher d'une grave question : rester en Terre sainte ou retourner en France ? Joinville est l'un des rares à conseiller de rester. Au repas qui suit, le roi n'adresse pas la parole à Joinville. Joinville le croit fâché. Il raconte :

> *Tandis que le roi entendait ses grâces, j'allai à une fenêtre grillée [...] et je tenais mes bras passés entre les barreaux de la fenêtre [...]. Pendant que j'étais là, le roi vint s'appuyer sur mes épaules, et me mit ses deux mains sur la tête. Et je crus que c'était monseigneur Philippe de Nemours qui m'avait beaucoup tourmenté ce jour-là, à cause du conseil que j'avais donné au roi ; et je lui dis : « Laissez- moi en paix, monseigneur Philippe ! ». Par un malheureux hasard, je fis tomber la main du roi au milieu de mon visage ; et je reconnus que c'était le roi à une émeraude qu'il avait au doigt.*

Octogénaire, lorsqu'il trace ces lignes, un demi-siècle après les faits, Joinville laisse percer l'émotion. Le roi l'a touché. En d'autres passages, le sénéchal revient sur de brefs contacts. Ils n'expriment pas seulement une affectueuse familiarité, avec peut-être une pointe d'ironie, de plaisanterie chez ce roi, qui, à l'instar de saint François d'Assise, et contrairement aux moines traditionnels, savait rire. Canonisé dès 1297, Louis IX est devenu saint Louis – sainteté dont Joinville n'avait jamais douté. Il est donc, lui, Jean de Joinville l'homme qui a vu et touché le saint roi : il a côtoyé une relique vivante, ce dont sa vieillesse reste encore illuminée.

Le geste du roi, tel que Joinville le décrit, n'est pas dû au hasard. Il évoque l'imposition des mains à laquelle procédait le Christ. Joinville témoigne ainsi de l'importance du toucher dans l'imaginaire médiéval : chacun se souvient que Jésus, ressuscité, laissa l'incrédule Thomas vérifier ses plaies. Nous retrouvons l'Incarnation. Les souvenirs de Joinville montrent à quel point il eut la sensation, sur terre, d'approcher le ciel. Car ce roi, bien sûr courageux, bien sûr dévot, bien sûr plein de majesté, savait aussi vivre parmi les hommes, simple et bon vivant. Lorsqu'on le presse de quitter son navire qui menace de couler devant Chypre, n'affirme-t-il pas : « *Il n'y en a pas un qui n'aime autant sa vie que je fais la mienne* » ?

Au long de mes années de travail sur *Saint Louis* (1996), j'ai souvent retrouvé, chez de nombreux personnages, cet amour de la vie terrestre. Bons chrétiens, ils estiment que cette vie vaut d'être vécue et que la préparation du salut éternel commence ici-bas, non seulement par la pénitence, mais aussi par la jouissance – mesurée – de ce monde. Ils font descendre les valeurs du ciel sur la terre, tout comme François d'Assise, dont la spiritualité avait marqué le roi Louis IX . Cette « descente », cette heureuse proximité de Dieu, m'a permis de parler d'un *humanisme médiéval*, autant que l'évolution de l'exégèse biblique et de la théologie d'Abélard à Thomas d'Aquin.

La notion d'humanisme est d'habitude réservée à la Renaissance.

En ce domaine comme en bien d'autres, la Renaissance prolonge le Moyen Age. Finissons-en avec l'idée selon laquelle l'humanisme serait une attitude plus ou moins antireligieuse ou hostile à l'Eglise. A part le cas exceptionnel, complexe, de Giordano Bruno (1548-1600), la plupart des écrivains, penseurs et artistes de la Renaissance révèlent combien sont religieux les fondements de l'humanisme. Le goût pour les mythes et les allégories de l'Antiquité s'allie, chez eux, avec le christianisme. Dès le Moyen Age, poètes et théologiens utilisent les dieux gréco-romains, hellénistiques, dans un « programme » chrétien. La rupture viendra plus tard, sans doute au XVIIe siècle. Et c'est au XIXe siècle seulement qu'on a pris l'habitude polémique d'opposer l'humanisme au christianisme.

Ce goût du concret, propre à l'esprit médiéval, semble faciliter l'approche biographique des personnages.

La biographie ne m'intéresse pas en soi. Je suis ici Bourdieu, qui a parlé de l'illusion biographique. La biographie ne me retient que si je peux – ce fut le cas pour saint Louis – réunir autour du personnage, un dossier qui éclaire une société, une civilisation, une époque. C'est ce que nous avons appelé, Pierre Toubert et moi, un sujet *globalisant.*

Le Moyen Age s'intéressant peu à l'individu (le XIIIe davantage, toutefois, que les siècles précédents), le nombre de personnages « biographiables » est très limité : Abélard, saint Bernard, saint François d'Assise, l'empereur Frédéric II, saint Louis… A une étape de mon étude sur le volumineux dossier de saint Louis, j'ai posé la question provocatrice : saint Louis a-t-il existé ? Je ne trouvais pas dans mes sources un personnage mais une suite de modèles stéréotypés : Louis IX étant tenu pour un bon roi et un saint, nul ne le décrivait tel qu'en lui-même mais tel qu'on pensait devoir décrire un saint roi. Il ne faut pas voir ici une volonté de propagande ou de truquage, mais un fait culturel : si l'on dit de quelqu'un qu'il est saint, sa vie ne peut-être que l'expression parfaite du code établi pour parler des saints.

Enfin, Joinville vint qui, au contraire des clercs auteurs de *Vies* de saints obéissant au code de l'hagiographie, a écrit ses mémoires ; il se présente comme un témoin qui dépose au procès en canonisation de son ami le roi (ce qu'il fit, d'ailleurs). « Saint Louis, tel que je l'ai connu… Le vrai saint Louis… ». Ainsi eût-il pu titrer son témoignage. Il ne l'a d'ailleurs pas appelé, comme les hagiographes patentés, « Vie de saint Louis » mais pour souligner la vérité qu'il connaît sur le roi : Histoire *de saint Louis*. Alors seulement, après avoir lu et médité Joinville, j'ai vu que je pouvais tenter d'écrire un *Saint Louis* qui, d'une certaine façon, est une antibiographie.

Lors d'une discussion que nous avions, Bertrand Tavernier et moi, à propos de son film *La Passion Béatrice* (1987), qui se déroule au Moyen Age, Tavernier me fit cette remarque : « Au fond, m'a-t-il dit, j'ai compris en me penchant sur cette époque que le Moyen Age convenait au cinéma, parce qu'on ne s'y intéresse pas à la psychologie des hommes et des femmes, et le cinéma n'est pas fait pour exprimer la psychologie. Nous saisissons des êtres, des voix, des gestes, des lieux, des objets, des histoires, mais nous ne pouvons filmer leur psychologie ». J'ai alors, une fois de plus, compris la réticence du mouvement des Annales à l'égard de la biographie. Ni mes essais sur François d'Assise, ni mon *Saint Louis* ne sont, à proprement parler, des biographies plutôt même des anti-biographies.

En recherchant le « vrai » d'une personne, on doit globaliser une période tout entière avec l'ensemble de ses problèmes – mais se garder de la psychologie qui est, pour le médiéviste, une dimension inutilisable, même si le Moyen Age inventa l'« examen de conscience ». Marc Bloch en fit la preuve lorsqu'il rédigea *Les Rois thaumaturges* (1924). Pour comprendre le « vrai » saint François ou le « vrai » saint Louis – car je reste convaincu qu'il existe une vérité au bout du travail de l'historien – il faut repenser les notions de temps et de récit, les notions d'imaginaire et de culture.

Nous sommes en cela du côté des anthropologues ou des ethnologues bien plus que de celui des psychologues.

J'ai pu montrer, dans une étude menée avec Pierre Vidal-Naquet et reprise dans l'*Imaginaire médiéval* (1985), que la « folie » dont est pris Yvain, le *Chevalier au Lion* de Chrétien de Troyes – banni par son épouse Laudine – nous renseigne peu sur sa personnalité. A la suite d'une promesse non tenue, Yvain se voit interdit de retour dans la « mesnie » de sa femme, c'est-à-dire dans sa société. Il devient errant, se perd dans la forêt, nu et ne mangeant que des aliments crus (non cuits). On voit alors se développer l'aventure d'un chevalier dégradé en homme des bois. Il régresse à l'état « sauvage » avant de se réinsérer dans le monde familier, c'est-à-dire féodal. Ce roman nous offre une superbe variation sur le système symbolique et social dans lequel s'inscrit la forêt au Moyen Age, et sur la fécondité d'un regard anthropologique pour saisir le « vrai » de cette époque. Pour comprendre Chrétien de Troyes, il faut avoir lu Claude Lévi-Strauss, lui-même grand lecteur de Chrétien.

L'HUMANISME MÉDIÉVAL

Les hommes et les femmes du Moyen Age, semblez-vous suggérer avec l'exemple de Joinville, ont comme modèle l'imitation de Jésus, qui est Dieu parmi nous. Est-ce par ce biais que se développe l'humanisme ?

Nous sommes mal renseignés sur l'existence, au Moyen Age, d'éventuels athées. Saint Anselme, dans des textes théoriques, répond aux objections des « insensés » affirmant que Dieu n'existe pas. Ces « insensés » sont, chez lui, l'exacte réplique des « insensés » que désigne l'Ancien Testament – des abstractions. Anselme ne cite jamais une personne réelle et concrète professant, ou ayant professé, l'athéisme. Quant aux hérétiques, nous avons vu qu'on les jugeait coupables de croyances considérées comme fausses : pas d'une éventuelle incroyance. Au Moyen Age, l'homme est donc nécessairement face à Dieu. Il fonde sur Lui sa valeur. D'autre part, l'Incarnation étant le centre du christianisme, l'imitation de Jésus-Christ, Dieu fait homme, est la base obligatoire de l'humanisme médiéval. Mais l'humanité médiévale n'est parvenue à cette conclusion que lentement.

Dès le VIe siècle, le pape Grégoire Ier – Grégoire le Grand – porte l'accent sur la figure biblique de Job. Ses *Moralia in Job*, l'un des premiers manuels de l'humanisme médiéval, exercent une forte emprise sur les esprits tout au long de la période. Job est un Juste brusquement jeté dans une suite inexplicable de malheurs, jusqu'à connaître l'extrême dénuement et subir le mépris. Il annonce le Christ. Il représente l'humiliation complète de l'homme devant Dieu, mais c'est dans cette humiliation – retournée en humilité – qu'il remonte vers la réconciliation.

A l'instar de Job, le chrétien du premier Moyen Age se sauve en s'anéantissant devant Dieu. Il se trouve élevé autant qu'il a paru abaissé. Il n'est pas un esclave, mais un serviteur : le « serviteur souffrant ». L'image divine n'en reste pas moins celle d'un Père bienveillant, mais redoutable : Job est tout entier dans sa main. Cette main, la peinture ou la sculpture nous la montrent souvent. Elle sort des nuées célestes pour dicter sa loi, pour mettre en ordre. Il s'agit d'un Dieu encore presque invisible, qui on l'a vu, s'incarne surtout dans l'image du Père.

Indéniablement, les chrétiens du Moyen Age – y compris les clercs – ont rencontré des difficultés à se figurer, et sans doute penser, la Trinité. La définition des trois Personnes, qui sont un seul et même Dieu (Père, Fils, Esprit) avait déjà suscité de vifs débats durant l'Antiquité tardive. Il y eut une dispute farouche, s'agissant de la profession de foi (le *Credo*, « je crois ») sur un simple mot :

filioque. Nous devons y revenir : cette dispute fut la cause, ou le prétexte, de la rupture entre l'Orient et l'Occident.

A la suite de violents antagonismes sur la définition de la Trinité, les conciles de Nicée (325) et de Constantinople (381) ont défini, contre les hérésies, la nature des rapports entre les trois Personnes divines. Ces conciles, ratifiés par celui de Chalcédoine (451) ont fixé la formule du *Credo*. Le *Credo* résume les doctrines de la foi chrétienne dans un court texte récité solennellement, aujourd'hui encore, lors de toutes les cérémonies majeures du christianisme. Il est couramment employé dans la liturgie catholique sous le nom de « Symbole de Nicée-Constantinople » — « symbole » signifiant ici « foi commune ».

On proclamait, dans la version conciliaire, que l'Esprit (troisième Personne de la Trinité) « *procède du Père* ». Tout cela était rédigé en grec, langue de référence de l'Empire. Ce qui donne en latin, langue de Rome : *Credo in spiritum sanctum* (Je crois en l'Esprit-Saint), *dominum et vivificantem* (qui est Seigneur et qui donne la vie), *qui ex Patre procedit* (qui procède, qui émane, du Père). Plusieurs théologiens voulurent toutefois préciser : « Je crois en l'Esprit-Saint qui procède du Père *et du Fils* ». Cela correspond en latin à un ajout : « filioque » (*et du Fils*). La formule devient alors : *Qui ex Patre* Filioque *procedit*. « Qui procède du Père *et du Fils* ».

Autour du *Filioque* se déclencha donc une vive querelle. Charlemagne la trancha maladroitement à la suite d'une mauvaise traduction (ni lui, ni ses proches, ne maîtrisaient le grec). L'Occident adopta donc le mot *filioque* dans le *Credo*, l'Orient le rejeta. Cela servit de prétexte à la rupture officielle entre les deux Eglises. Récemment Jean-Paul II, au nom de l'Eglise romaine, a suspendu dans le *Credo* romain l'obligation du lancinant *filioque*. C'est resté, pour l'instant, sans conséquences sur l'attitude des orthodoxes.

L'historien ne peut, ni ne veut, entrer dans ce débat. Il comprend seulement que le sujet était explosif. La Trinité, et l'Esprit-Saint, furent un constant motif d'affrontements, voire d'hérésies.

Pour le médiéviste, force est de reconnaître qu'en dépit du dogme intangible d'un Dieu unique, les trois Personnes divines semblent conserver chacune, au long du Moyen Age, une existence individuelle spécifique. Mieux : l'importance relative entre les trois Personnes, la manière qu'ont les fidèles de les « pondérer », nous donne une assez bonne idée de cette *descente du ciel sur la terre* qui me semble la clé de l'humanisme médiéval.

Le Dieu du premier Moyen Age n'est pas le même que celui du XIIe siècle, ni que celui des XIVe-XVe siècles – un peu, comme si, malgré les condamnations de Rome, l'idée de Joachim de Flore (Age du Père, Age du Fils, Age de l'Esprit) avait des racines profondes dans l'imaginaire des hommes et des femmes de cette période. On accentue d'abord le Père, puis le Fils se concrétise davantage, tandis que l'Esprit fait l'objet d'un travail considérable au fur et à mesure qu'on approche des Réformes, luthérienne et calviniste.

En simplifiant la chronologie, bien sûr plus complexe, on peut donc voir Dieu évoluer tout en restant Un du point de vue du dogme. Après l'an Mil, Dieu sort des nuages. Il s'affirme en majesté. C'est un roi, un empereur. Face à lui, l'homme devient un sujet ; non dépourvu, comme tous les sujets, d'identité, de personnalité. Bien plus tôt, Boèce (v. 480 – v. 524) – grand théologien et ministre malheureux du roi Théodoric – avait déjà jeté les bases de la notion chrétienne de *personne,* nourrie de ses lectures impressionnantes : Platon, Aristote, Sénèque, Plotin, Augustin…

Une nouvelle et forte évolution se produit au XIIe siècle quand la réflexion théologique ne vient plus des seuls monastères mais aussi des écoles urbaines et des écoles épiscopales, notamment celle de Chartres. Dans ces centres novateurs, les rapports entre l'homme et Dieu n'affichent plus la sévérité propre aux règles monastiques. On y a redécouvert la Bible par de nouvelles lectures. Celles-ci mettent en valeur la parole créatrice de Dieu : « *Faciamus hominem ad imaginem et similitudinem nostram* », « Faisons l'homme à notre image, comme notre ressemblance » (Genèse, 1, 6). La notion *d'image* devient prépondérante.

D'autres médiévistes ont noté ce changement d'angle sans, je crois, lui donner assez d'ampleur. J'estime, pour ma part, que ce recentrage de la théologie autour de la Genèse a fait évoluer profondément la société et la spiritualité. Dieu, en la personne de Jésus, propose désormais un modèle auquel l'homme ressemble, et s'efforce de ressembler toujours davantage. Cette spiritualité vivace chemine et s'accroît tout au long du Moyen Age pour culminer dans la fameuse *Imitation de Jésus-Christ* du Rhénan Thomas a Kempis, rédigée entre 1420 et 1441.

Imitations, copies de Dieu, l'homme (et la femme, qui se retrouve plutôt en Marie), ont en eux l'étincelle divine. « *Dieu créa l'homme à son image, à l'image de Dieu il le créa, homme et femme il les créa* » (Genèse, 1, 27). Les XIIe et XIIIe siècles offrent de magnifiques représentations de Jésus. Dès lors, l'humanisme médiéval modifie sensiblement le rapport au corps, qui n'est plus le corps humilié du monachisme. Image de Dieu, l'homme peut espérer transformer son corps souffrant en un corps glorieux, comme François d'Assise et, à un moindre degré, saint Louis. Même si le souci persiste de réprimer la faiblesse charnelle, la pression n'est plus la même.

Tenté, dans sa jeunesse, par le manichéisme, saint Augustin lui était devenu hostile. L'Eglise ancienne repoussait donc déjà l'opposition tranchée du Bien et du Mal, et surtout l'idée qu'il puisse y avoir une Création mauvaise : Dieu ayant tout créé n'a créé que du Bon. Cela ne résout pas forcément le problème de l'existence du Mal et du péché – mais le péché originel et l'action de Satan, tolérée par Dieu, fournissent une explication. Ce risque de dualisme, Dieu contre Satan, pousse l'Eglise à mettre l'accent sur l'union du corps et de l'âme, qui seront sauvés *ensemble*. L'Eglise combat ainsi le dualisme qui, au contraire, oppose radicalement l'âme au corps. Mais Satan maintient une *tension* entre le Bien et le Mal.

Vient le catharisme. Il se développe au XIIe siècle. C'est une réaction contre la féodalité et contre l'optimisme du nouvel humanisme. C'est donc aussi un retour du pessimisme. Ce rigorisme explique la réaction violente de l'Eglise et des pouvoirs laïques. Toutefois – j'y ai déjà fait allusion – le catharisme est complexe, par ses implications théologiques, idéologiques et politiques. Lorsqu'il s'étend, il peut se présenter à beaucoup d'hommes et de femmes comme une réaction salutaire contre la corruption de l'Eglise. Il offre un message plus simple et plus clair. Son clergé « réformé » serait plus proche, croit-on, de l'Eglise des origines, avec des *parfaits* qui transcendent l'opposition entre clercs et laïcs.

Je n'entrerai pas ici dans le détail. Il faudrait traiter non seulement du cas particulier, le mieux connu – celui du Midi de la France – mais aussi de la Bulgarie, de la Bosnie et de l'Italie du Nord. Je persiste à croire qu'il ne s'agit pas, en fait, d'un christianisme déviant mais, comme je l'indiquais, d'une *autre* religion utilisant éventuellement un vocabulaire et des rites d'apparence chrétienne. Sans cautionner en quoi que ce soit la répression terrible dont ils firent l'objet, il faut reconnaître qu'un succès des cathares aurait voué l'Occident à des jours très sombres, dont certains intégrismes nous donnent aujourd'hui quelque idée…

Un paradoxe subsiste. L'humanisme se développe, l'« urbanité » s'accroît. Mais c'est aussi l'époque des Croisades, que ce soit vers la Terre sainte ou contre les Albigeois…

Nous rencontrons là un phénomène propre, je le crains, à toutes les civilisations. Elles ont l'envers de leurs qualités. Qu'est ce que le XXe siècle, sinon le siècle des jeunesses, de l'expansion, des avancées ? Avec, en contrepoint, des guerres, des totalitarismes, des violences et des injustices d'une gravité proportionnelle à l'accroissement de nos capacités.

Je ne veux pas minorer, pour autant, les ombres du Moyen Age dont les croisades sont sans doute l'un des aspects les plus condamnables. La longue durée historique révèle aujourd'hui le rôle négatif des Croisades, comme les Musulmans, je l'espère, auront la révélation du côté négatif du *jihad* et de ses dérives abusives. Les croisades s'expliquent pourtant en partie – sans se justifier – par l'effort constant que l'Eglise mène à la fin du XIe siècle... en faveur de la paix !

Quand le pape Urbain II réunit le concile de Clermont (1095), il le dit clairement : les chrétiens d'Occident doivent cesser leurs incessantes guerres internes.

Alors que se construisait le système des seigneuries et des fiefs, alors que le développement du commerce amplifiait la progression démographique, un surplus de jeunesse mettait l'équilibre de la Chrétienté en péril. Dans une société où prime le droit d'aînesse, que faire de tous ces chevaliers cadets, privés de terres par leurs aînés, mais aussi privés de femmes ? Plutôt que de se disputer l'Europe, on leur promet un patrimoine dans le berceau de la chrétienté. On détourne leur vitalité, leur violence contre l'abominable musulman, contre l'Infidèle.

L'Eglise parachève alors sa réflexion sur la « juste guerre ». Et c'est encore un paradoxe. Développant une doctrine formulée par saint Augustin, les théologiens ont en effet tenté de penser la guerre, et de la temperer – et, dans certains cas, de la justifier.

L'idéal chrétien reste la paix. La guerre est l'une des nombreuses conséquences du péché originel. Elle ne se légitime – elle n'est « juste » – que si la déclare une personne que Dieu a nanti de l'*auctoritas* (l'autorité) et de la *potestas* (le pouvoir). Augustin précisait ainsi que l'« autorité » revenait au prince détenteur du pouvoir, et pas à n'importe quel chef de clan. L'Eglise condamne donc toutes les formes de guerre qui ne seront pas décidées et menées par ce que nous désignerions comme l'Etat, la puissance publique. L'Eglise se réserve également le droit de les cautionner ou de les condamner, puisqu'elle est l'*auctoritas* suprême.

Quand les monarchies se renforceront, elles tireront argument de la *potestas* pour empêcher les guerres seigneuriales. Saint Louis, notamment, sera intraitable contre les guerres privées. Et durant la guerre de Cent Ans, les rois de France ne manqueront pas d'en appeler à l'Eglise pour qu'elle condamne les rois d'Angleterre, au nom de son *auctoritas*. La papauté, tout en proposant son arbitrage, refuse d'ailleurs de se prononcer sur cette question du tort des Français ou des Anglais, partant du principe que toute guerre non encadrée par Rome est toujours injuste, surtout lorsqu'elle oppose des chrétiens.

En dernier ressort, le problème reste bien celui des critères dont dispose l'*auctoritas*. Comment utiliser l'*auctoritas* pour décréter qu'une guerre est juste ? Saint Augustin fournit une réponse. Une guerre est juste quand elle n'est pas inspirée « *par l'envie de nuire, la cruauté dans la vengeance, l'esprit implacable inapaisé, le désir de dominer et autres attitudes semblables* ». Bref, l'Eglise exclut la guerre de conquête. Elle admet la guerre défensive. S'agissant des Croisades, il suffisait d'affirmer que l'agresseur était l'islam. La chrétienté ne prétendait pas conquérir la Terre sainte, mais reprendre un territoire dont on l'avait spoliée. « *Les justes guerres vengent les injustices* », disait encore Augustin. L'actualité montre que, sur ce point, la difficulté reste la même : tous ceux qui partent en guerre le font au nom de leur conception de la justice.

Pour christianiser la guerre, et la contrôler – parfois à son profit – l'Eglise favorise donc une métamorphose du *miles* (le guerrier). Il devient *miles Christi*, chevalier du Christ. Il se bat pour la bonne cause : défenseur de Dieu, de la veuve, de l'orphelin, des pauvres. Un rite chevaleresque, l'adoubement, évolue au cours du XIe siècle : l'Eglise lui donne un caractère liturgique, en le rapprochant d'un rituel d'investiture des « défenseurs », au service des faibles. Cela marque bien une volonté d'humaniser des guerriers dont on connaissait trop les débordements. Je rappelle que Richard Cœur-de-Lion – malheureusement idéalisé par mon cher Walter Scott – portait, lors de la croisade de 1191-1192 un collier de têtes coupées autour de son cou.

L'Eglise poursuit son effort de « containment ». Elle institue entre 980 et 1040, la *Paix de Dieu* (dont la principale forme est la « trêve de Dieu »). Ce puissant mouvement mobilise peuple, clercs, et même seigneurs. Il impose la suspension des combats pendant un certain temps. Ces périodes de trêve pouvaient permettre d'éventuelles négociations. Elles incluaient des rites pénitentiels, des demandes de pardon et une puissante célébration des reliques. L'Eglise organisa de la sorte une série de campagnes de paix, systématiques, qui toutes réunissaient des foules. Le « peuple », pour la première fois, y tient un rôle plus ou moins structuré, comme acteur du débat.

HÉRÉTIQUES, JUIFS, EXCLUS...

De la « juste guerre » à la « guerre sainte », il n'y a qu'un pas ?

Je vous renvoie aux remarquables études de Jean Flori.

Contrairement à la « juste guerre », la notion de « guerre sainte » ne trouve aucun fondement chez les Pères, et moins encore dans l'Evangile. Il a fallu plusieurs théologiens de la Reconquista, des prélats d'origine chevaleresque comme le futur pape Urbain II, ou des prédicateurs populaires comme Pierre l'Ermite et bien d'autres pour considérer qu'il existait une forme supérieure de guerre juste – la guerre dite « sainte ». Cette notion est largement postérieure au *jihad* musulman. Je ne crois pas, pour autant, qu'il y ait eu influence directe du *jihad* sur la guerre sainte. Celle-ci fut plutôt l'aboutissement dévoyé du « mouvement de paix ». La croisade a ainsi revivifié le *jihad*, qui était en train de s'assoupir. Et les islamistes, aujourd'hui encore, y trouvent l'un de leurs arguments.

Dans sa volonté de maintenir l'ordre et la pureté à l'intérieur de la Chrétienté, l'Eglise a plusieurs fois détourné de la sorte les acquis de son humanisme. Pour étendre la paix à l'intérieur, elle a porté la guerre à l'extérieur. Pour encadrer les débordements elle a défini des non-conformistes et des étrangers à marginaliser ou à exclure. Un mouvement de persécution (bien identifié par Robert Moore) se forme, soucieux de garder une Chrétienté que l'on estime devenir idéale, parfaite, de toute souillure.

Sur cette voie, l'Espagne avancera aux XVe-XVIe siècle la théorie de la « pureté du sang », précurseur de ce qui deviendra au XIXe siècle le racisme. Parallèlement, un mouvement de conversion forcée (des Juifs, des hérétiques) prépare les excès missionnaires qui accompagneront à partir du XVIe siècle le colonialisme.

Nous avons déjà vu ce qu'il en était des hérétiques. On pourrait citer une attitude de plus en plus agressive à l'égard des homosexuels mâles, à qui l'on réserve la qualification infamante de sodomites, coupables de *crime contre-nature*. C'est là encore une logique paradoxale. L'humanisme médiéval promeut, en effet, une vision positive de la nature et de la place de l'homme dans la nature. Mais il exclut, du coup, tout ce qui serait, selon lui, « antinaturel ». Les crimes « contre-nature » entrent alors dans les catégories de l'hérésie, avec les conséquences que l'on sait.

On ne peut pas, de ce point de vue, ne pas mentionner l'évolution de l'attitude face aux juifs. Elle se trouve, elle aussi, liée à l'impulsion des croisades.

Quoique maintenu en retrait du Nouveau Testament, l'Ancien Testament demeure le Livre sacré des chrétiens, leur référence. Ils n'oublient pas que Dieu a élu un peuple, le peuple juif ; ni que Dieu s'est incarné en la personne d'un Juif. L'antijudaïsme, on le sait, reposait sur l'idée que les juifs, après avoir voulu étouffer le christianisme, s'entêtaient à ne pas se convertir, ni se fondre dans le nouvel Israël : l'Eglise. Ils refusaient de reconnaître en Jésus le Messie. On les rendra seuls responsables de la mort de Jésus. On en fera des déicides. A partir du XIIe siècle, on les accusera de meurtres rituels d'enfants chrétiens et de violation de l'hostie. En attendant leur conversion, les juifs étaient donc mis à part comme une sorte de peuple-témoin, de peuple-fossile, avec toutes sortes de vexations et d'idées préconçues. Nous ne les connaissons que trop. Les chrétiens ne se posaient d'ailleurs pas la question de Jérusalem. Il s'agissait bien évidemment de la ville chrétienne par excellence. On n'envisageait pas qu'elle pût être juive.

Cette christianisation de Jérusalem manifeste son caractère ambigu au fur et à mesure que se précise l'esprit de croisade. Le retour aux sources prend des allures de règlement de comptes avec ceux qui prétendent aussi prendre leur origine dans la Ville sainte. Si le peuple chrétien est le peuple élu, et Jérusalem sa cité fondatrice, les juifs font indûment valoir leurs droits. Ils sont, par un étrange renversement, des usurpateurs. Les premiers vrais pogroms ne commencent en Europe centrale qu'au XIe siècle. Ils se déclenchent le long des routes empruntées par les croisés. Et les persécutions s'accentuent dans les pays d'où viennent ces mêmes croisés : France, Angleterre, Empire germanique…

Saint Louis, par exemple, voit dans l'antijudaïsme une sorte d'indispensable purification nécessaire à la croisade. Par cette purification – qui frappe aussi les prostituées, les hérétiques, etc. – son royaume deviendra digne de la grande expédition, annoncée en 1244 et lancée d'Aigues-Mortes en 1248. Lorsqu'il reviendra vaincu, en 1254, hanté par sa responsabilité dans l'échec et par la nécessité d'une réforme politique et morale, il se fera plus tolérant. L'attitude de cet homme, *a priori* bien intentionné, n'en illustre pas moins l'importance du phénomène. Il s'imagine en « Evêque du dehors » des juifs, hésite entre protection et persécution. Il ne consentira que sous la pression, la dernière année de son règne en 1269, à obliger les juifs à porter le signe infâmant de la « rouelle » ancêtre de l'étoile jaune, instituée par le IVe Concile de Latran (1215).

On a l'impression que l'humanisme religieux procède à une mise au pas…

Tout cela se passe voici près de mille ans, ou plus. Les mentalités, les critères de jugement et la situation matérielle interdisent de comparer terme à terme ; ce qui reste bien sûr la tentation puisque l'Eglise existe toujours. Bon nombre des valeurs qu'elle défendait alors – d'une façon qui nous paraît soit étrange, soit choquante – ne doivent pas oblitérer les valeurs restées positives, même pour ceux qui n'appartiennent plus à l'Eglise, ou ne croient pas.

Il y a contrôle, il y a surveillance, il y a punition, certes. Il faut aussi voir ce qui libère, ce qui apaise et ce qui donne appétit de vivre. Non seulement saint Louis respectait les nombreux jours d'abstinence sexuelle que l'Eglise imposait aux époux, mais il réclamait cette ascèse. Jean-Louis Flandrin, qui fit une étude novatrice de la sexualité médiévale, pensait que les prescriptions de l'Eglise ont, en partie, rencontré certaines tendances profondes de la culture et de la mentalité des masses : notion de temps sacré, attesté par les calendriers paysans, sens de l'impureté, respect des interdits. Il ne faut pas imaginer une implacable domestication du peuple par les élites cléricales. Rien n'aurait fonctionné sans un certain consentement – et rien ne prouve que tout a fonctionné avec la rigueur obsessionnelle que traduisent les manuels de confesseurs. Des témoins nous disent que saint

Louis, en période de continence, tournait parfois dans sa chambre, tenaillé par le désir, jusqu'à ce que le moment autorisé soit revenu. Il se précipitait sans tarder, paraît-il, chez la reine. On trouve de nombreux autres cas d'un tel goût de l'existence. Ces hommes et ces femmes sont pleins de vitalité.

Joinville est ébloui, lorsqu'il rencontre « son » roi Louis IX pour la première fois : habits colorés, belle prestance, éclat. En Egypte, Joinville admire le guerrier combattant les Sarrasins, « *le plus beau chevalier* » qu'il eût jamais vu. Il ne manque pas de relever combien cet homme porté à l'ascèse et aux mortifications – le cilice, les flagellations – sait rire. Joinville le note plusieurs fois : « *il rit moult clairement* ».

Joinville donne d'ailleurs une anecdote savoureuse. Cela se passe lorsque Louis campe près d'Acre. Une délégation d'Arméniens chrétiens veut approcher le roi, qu'ils admirent. Joinville transmet la demande : « *Ils désirent, sire, que je leur fasse voir le saint roi, mais je ne désire pas encore baiser vos os* ». Sur quoi, saint Louis part d'un grand éclat de rire. C'est pourtant un homme qui vénère les reliques, offrant à la Couronne d'Epines ce reliquaire géant qu'est, à Paris, la Sainte Chapelle.

Cette question du rire vous a intrigué. Vous lui avez même consacré un essai : Rire au Moyen Age.

Le rire a beau être le propre de l'homme, nous ne savons pas comment on riait autrefois. Paul Veyne remarquait un jour que les plus éminents spécialistes de la culture antique, s'ils se trouvaient dans la Rome impériale, seraient bien embarrassés de dire simplement bonjour à quelqu'un : comment faisait-on pour se saluer, autrement que par les formules officielles ou écrites ? Comment, donc, riait-on au Moyen Age ?

Le rire, de surcroît, nous renseigne sur l'évolution de cet humanisme médiéval qui m'a beaucoup occupé. Car le rire fait la jointure entre le corps et l'esprit. Il a suscité de vives discussions au Moyen Age, période pourtant riche en farces et représentations comiques : rire est-il un irrespect, une grossièreté, une subversion ? Les moines les plus rigoureux le pensaient souvent. Ils soulignaient qu'aucun passage du Nouveau Testament ne mentionne le rire de Jésus, alors que Satan et les méchants ricanent et que Jésus a pleuré. Rompant le silence, le rire sent le soufre.

Comme il se doit, les théologiens ont compulsé leurs archives. Ils y ont trouvé des autorités. Le grand Aristote, justement, parle du « propre de l'homme ». Dans la Bible, figure le cas incontestable d'Isaac, fils d'Abraham et père de Jacob : son nom signifie « Que Dieu rie ! », évoquant la bienveillance divine et la joie qu'elle procure aux hommes. Mais on trouve aussi dans les Ecritures d'autres formes de rire, où s'entend le sarcasme, la cruauté, l'impiété. Si bien que s'établissent de subtiles gradations entre le sourire angélique, le rire musical des élus, et l'abominable rire charnel de la foule moquant Jésus crucifié. Ne parlons pas du rire vénéneux de Lucifer.

Entre le rire jubilatoire et le rire de dérision perce, de surcroît, l'ironie. Elle consiste, pour les clercs du XIIIe siècle, à dire le contraire de ce que l'on dit. Imagine-t-on plus ambigu ? Tout dépend de la nuance : les paraboles de Jésus ne manquent pas d'ironie, saint Louis et de nombreux maîtres comme Thomas d'Aquin en usent volontiers. Les médiévaux sentent bien qu'il existe néanmoins une autre ironie : dépréciative, rebelle, irrespectueuse.

On constate là l'évolution. Le moine, représentant du premier Moyen Age, se veut d'abord un homme qui pleure et se contrit. Il se purifie d'un monde mauvais. En revanche, le religieux mendiant – suivant l'exemple de François d'Assise – rit volontiers. C'est notamment sa manière de montrer qu'il n'est pas moine... Il ne faut pas, comme l'a fait Mikhail Bakhtine, dans un livre par ailleurs superbe sur Rabelais, opposer systématiquement une Renaissance qui rit, à un Moyen Age qui pleure. Le Moyen Age a su rire et ce qu'on appelle la Renaissance n'a pas toujours été riante ni souriante. Au XIIIe siècle, le grand saint Albert le Grand, le maître de saint Thomas d'Aquin, a affirmé que le rire terrestre pouvait être la préfiguration du rire paradisiaque.

Les anges et les démons

L'ambivalence persiste. Est-ce que cette civilisation asservit ou libère ?

Evoluant au fil des siècles, l'image que les chrétiens médiévaux se font de Dieu nous renseigne sur ce double mouvement de contrainte et d'épanouissement. A compter des Xe et XIe siècles, on insiste sur Dieu le Fils, qui reste encore le Christ, éventuellement redoutable, du Jugement. Peu à peu se confirment toutefois les représentations nombreuses d'un Jésus proche et bienveillant. Ce qui n'empêche pas ce Jésus du matin de Pâques, printanier, d'être aussi le Jésus pauvre et souffrant de la Passion. Contraste qu'assume au plus haut point François d'Assise. Il loue le rire, la joie, la Création, les créatures. Il reçoit aussi les stigmates, incarnant dans sa chair, sur cette terre, les douleurs du Crucifié. « Pauvres comme Job » — c'est le cas de le dire – les premiers Frères mineurs veulent suivre nus le Christ nu. On a vu quel succès ils ont rencontré.

J'attire ici l'attention sur l'atmosphère « angélique » dont se trouvent entourés les premiers religieux mendiants : saint Dominique, mais plus encore François. Le Poverello a plusieurs fois affaire aux anges, et c'est d'un ange qu'il reçoit les stigmates. Messagers, envoyés en mission, comme leur nom l'indique (du grec *angelos*), les anges sont déjà présents dans l'Ancien et le Nouveau Testament. Ils ont néanmoins fait l'objet de traités systématiques à compter du IXe siècle. Ainsi de l'Irlandais Jean Scot Erigène. Au XIIe siècle, la littérature devient florissante, notamment à propos des anges gardiens

– ces anges qui sont affectés à chacun d'entre nous, anges mystérieux mais tout proches, merveilleusement quotidiens; image, s'il en fallait, de la présence du ciel sur la terre.

Certes, comme le dira bien plus tard, Rainer Maria Rilke: tout ange est terrible, car il vient de Dieu. L'Eglise va pourtant ici encore dans le sens d'un apaisement. Honorius Augustodunensis (v.1080 — v.1157), un Anglais installé près de Regensburg, mentionne les anges gardiens dans son exposé des vérités de la foi, l'*Elucidarium*. Il présente néanmoins comme récente la connaissance qu'il en a. Sans doute les anges gardiens furent-ils distingués de la subtile hiérarchie céleste vers l'an 1000.

Protecteurs invisibles, les anges gardiens sont une assurance supplémentaire contre le diable. Ils aident au difficile examen de cette conscience que les fidèles n'ont pas encore l'habitude de scruter en eux-mêmes. Ils surveillent personnellement chacun d'entre nous, font des observations ou des reproches. Ils peuvent à ce titre passer aussi pour les délégués permanents des confesseurs…

Nous commençons à connaître ce double mouvement de l'humanisme: ouverture, mais contrôle. Avant tout, cependant, les anges apportent une lumière, une familiarité, parfois même une fantaisie, dans un monde où les foyers d'angoisse sont nombreux. Avec les saints et la Vierge Marie, ils ajoutent un maillon à la chaîne des intercesseurs. Ce n'est pas un hasard si les deux statues les plus représentatives du gothique du XIIIe siècle sont le « Beau Dieu » d'Amiens et l'« Ange au sourire » de Reims.

Et le diable? Aujourd'hui encore, pour beaucoup de gens, le Moyen Age est « gothique », c'est-à-dire plein de diables, de possédés, de sorcières, de bûchers et d'instruments de torture.

Il y a, de nouveau, la tradition « noire » qui persiste. Ajoutons-y l'abondance des représentations diaboliques ou infernales produites depuis le IXe siècle. Elles semblent même avoir permis à certains artistes de s'amuser ou de forcer le trait. Au passage, signalons qu'un historien du futur, tirerait peut-être des conclusions hâtives s'il ne retenait du monde occidental que les images inquiétantes – à vocation pédagogique – produites pour lutter contre le tabagisme, l'alcoolisme et les accidents de la route, ou pour sensibiliser aux malheurs du monde (famines, épidémies, génocides, etc). Il ne faudrait pas qu'il oublie, à l'inverse, les images de rêve, de réconfort ou d'agréable sécurité, constamment produites. Il en va, de même, au Moyen Age. Les auteurs de sermons en rajoutent sur l'enfer afin de rendre plus attirant le paradis. Ils savaient bien que la description attractive d'éternelles suavités frappe moins les esprits que l'évocation répulsive d'épouvantables tourments.

A l'origine, c'est pourtant vrai : le Diable est une création du christianisme, singulièrement développée par le premier Moyen Age. On trouve dans l'Ancien Testament plusieurs mentions d'esprits mauvais ou de puissances exécrables. On en retrouve aussi dans le Nouveau Testament : Jésus expulse bon nombre d'esprits, il est tenté au désert par le diable – *diabolos*, en grec : le médisant, le faiseur d'embrouilles – et les Evangiles citent quatorze fois le nom de Satan, l'Ennemi, sans préciser sa nature. Les Evangiles parlent aussi de *démon(s)* au singulier et au pluriel, reprenant une conception grecque, bien connue des philosophes : le *daimon*, cher à Socrate, renvoie à la notion d'une « puissance » innommée, souvent locale.

Il est donc revenu aux Pères de l'Eglise de mettre en ordre cette question du Mauvais, d'autant plus grave qu'elle touche au problème du mal, au funeste serpent qui, dans la Genèse, pousse à la faute le couple primordial. Les théologiens procèdent vite à une rationalisation : diables, démons et autres esprits mauvais deviennent synonymes ; ils désignent les mêmes entités, vaste armée qui se trouvent sous le commandement de Satan, leur chef. Le premier Moyen Age préfère souvent l'appeler Lucifer, le « porteur de lumière ». Premier des anges, donc créé par Dieu, il était libre et bon, comme le seront Adam et Eve. Mais il a voulu égaler Dieu, ce qui provoque sa chute et celle de ses partisans, évidemment empressés d'entraîner les hommes à leur suite. Il a un rôle éminent dans l'histoire de la Chute.

En localisant Satan, en le montrant inférieur à Dieu, et non préexistant ou existant, on refusait toutes les formes de dualisme et de manichéisme. On confirmait ensuite que la victoire de Dieu était certaine. Chacun, toutefois, se trouvait ballotté entre le grand diable terrible et la confuse variété des moyens ou petits diables – ces derniers n'étant souvent à vrai dire que de mauvais farceurs, plutôt taquins, spécialisés qui dans la vaisselle cassée, qui dans les fautes de copie, etc. Il fallait donc savoir à quel diable on avait affaire, afin que la pénitence ou l'exorcisme soit proportionnés. Car il y avait toujours un remède.

Parmi les esprits impurs chassés par le Christ s'en trouve un qui dit se nommer « Légion »: « *Légion est mon nom*, répond-il à Jésus *car nous sommes beaucoup* » (Mc, 5 h 9). Jésus ordonne ensuite à Légion de passer dans un troupeau de porcs. Ils sont soudain deux mille à s'y précipiter et se jeter dans la mer. Le cas résume bien l'incertitude dans laquelle se trouvent les chrétiens du Moyen Age: un personnage dit de lui-même « *nous sommes beaucoup* ». Comment un seul peut-il être deux mille? La typologie et la hiérarchie des diables permettent d'y voir plus clair. Et surtout: plus on débusque Satan et ses serviteurs, plus s'accroît le nombre et la force des adversaires de Satan: les anges, les saints, la Vierge, le Christ, mais aussi l'Eglise et tous les sacrements.

S'impose ici l'esprit du *combat*. Il y a une Peur au Moyen Age. Jean Delumeau, dans une superbe série d'études sur l'histoire du christianisme et de l'Eglise, en a parfois peut-être, dans un premier temps, exagéré l'importance. Mais cette peur ne l'emporte jamais, même chez le plus humble paysan, sur la volonté de combattre. Mieux vaudrait donc parler d'une vigilance continue, d'une alerte permanente, mêlée de crainte et d'espoir. Le grand siècle des sorcières, des possédés et des terreurs sera le siècle de Descartes, pas celui de Thomas d'Aquin…

Dieu caché par les nuages, Christ encore paternel du Jugement, Jésus plus fraternel des XIe-XIIe *siècles. On voit, en effet, s'accroître la volonté d'incarner sur terre les valeurs célestes et la Trinité. Qu'en est-il de la troisième Personne ?*

L'Esprit-Saint, depuis l'Antiquité, se représente sous la forme d'une colombe. Belle image d'ailleurs : quand Dieu recrée le monde après avoir lessivé sa première Création par un déluge, une colombe porte à Noé son brin d'olivier, pour signifier le début des temps nouveaux. Quand Jean baptise Jésus dans le Jourdain, une colombe descend du ciel, tandis que la voix du Père se fait entendre, désignant Jésus comme son fils.

Dès le temps des premiers chrétiens, la colombe symbolise aussi l'âme qui s'envole vers le paradis. Les animaux tiennent une grande place dans l'humanisme médiéval. Leur rôle symbolique est essentiel. Mais, comme l'a bien montré Jacques Voisenet, ils sont en général du côté du diable, du mal. Dieu, dans la Genèse, a donné à Adam le pouvoir de les nommer. Et ils sont loin de bien lui obéir, de le conduire toujours vers le salut. Si la colombe peut être divine, venir du ciel et en montrer le chemin, il semble que les hommes et les femmes du Moyen Age ont eu aussi des difficultés à imaginer Dieu sous la forme d'un oiseau. Dieu leur apparaît essentiellement sous des formes anthropomorphes.

La liturgie cadre bien les choses. L'Esprit-Saint emplit les disciples le jour de la Pentecôte, c'est-à-dire cinquante jours après la résurrection et dix jours après l'Ascension. Jésus est remonté aux cieux. Il ne reviendra qu'à la fin des temps. Mais il fait venir l'Esprit qui dynamise la jeune Eglise, lui donne le don des langues, le charisme, le pouvoir de guérison, l'inspiration, le zèle et la flamme de la conversion. Les *Actes des Apôtres* l'expriment en évoquant les langues de feu qui se posent sur chaque disciple – scène souvent représentée au Moyen Age, mais la langue de feu restait difficile à utiliser en dehors de la Pentecôte.

La colombe offrait un réalisme symbolique plus fort, et plus adapté à toutes les manifestations de l'Esprit : qu'il s'agisse de l'Annonce faite à Marie – c'est l'Esprit qui « vient » sur la jeune fille et engendre Jésus – ou des représentations plus abstraites de la Trinité. Il y a même une utilisation « politique » de la colombe du Saint Esprit. Les rois de France capétiens insistent sur le baptême de Clovis où l'irruption de cette colombe confère à la dynastie un caractère sacré.

Certes, il n'est pas facile de comprendre la Trinité ; encore moins facile d'entrer dans le mystère assez abstrait de l'Esprit-Saint, et très difficile *a priori* d'admettre qu'une Personne divine soit présentée sous la forme d'un oiseau. Les chrétiens du Moyen Age ont pourtant tout de suite senti que la colombe amenait dans la réalité quotidienne l'aile du sacré. Souvent, d'ailleurs, le souffle de la Pentecôte, le feu de l'Esprit et la pureté de la colombe mobilisèrent les foules. Car l'Esprit exprime l'ardeur des prophètes, l'enthousiasme de la réforme, le renouvellement de l'Eglise et l'annonce du dernier Age, précédant le Jugement.

L'Eglise médiévale consacre, de ce fait, une particulière attention à cette *spiritualité*. Elle insiste sur la présence de l'Esprit dans la liturgie des grands sacrements : le baptême, la confirmation, l'eucharistie et l'ordination. Ce qui nous a valu des prières restées célèbres, telles que le *Veni Creator* (IXe siècle, « Viens Esprit créateur ») et le *Veni sancte Spiritus* (XIIe siècle, « Viens Esprit-Saint »). C'est à la fois une manière de se ressourcer – pas d'Eglise sans Pentecôte – mais aussi, comme toujours, de contrôler.

Les hérétiques, en effet, invoquent souvent l'Esprit...

De l'Esprit se réclament également les ordres religieux anciens en quête d'un renouveau, mais aussi les nombreux jeunes ordres qui se multiplient. Dont les Mendiants, bien sûr. Le souffle de l'Esprit porte la colombe. Elle donne des ailes à la déconcertante Trinité.

Il faut alors noter l'importance croissante des confréries du Saint-Esprit. Elles connaissent une singulière floraison du XIIIe au XVe siècles – phénomène important dans la concrétisation de cet humanisme médiéval, présent désormais dans les hôpitaux, les institutions sociales urbaines. Car la confrérie – union de prière et d'entraide suscitée directement par les fidèles eux-mêmes – répond à un sentiment de déstructuration que commencent à percevoir les villes et les campagnes : les solidarités lentement élaborées depuis le XIe siècle cherchent un nouveau « souffle ». Ce dont témoigne, notamment – mais pas uniquement – la peur de mourir seul, sans recevoir la prière des morts, prière indispensable pour gagner sinon le paradis, du moins le purgatoire. Je ne pense pas, en effet, que l'expansion rapide des confréries s'explique, comme certains le disent, par la recrudescence des pestes en 1348. Il y a aussi une crise plus profonde du système, du *corps*.

Défini comme l'*auxiliaire* du Père et du Fils, l'Esprit apporte aide et force aux fidèles. Il a donc une place de choix, non seulement dans les confréries qui lui sont dédiées, mais dans toutes celles qui ne cessent d'apparaître sous l'invocation d'un ou de plusieurs saints patrons. On y prie les uns pour les autres, on s'entraide et l'on se cotise pour subvenir aux pauvres. Les pouvoirs laïques s'en méfient souvent, car les confrères se constituent de leur propre chef, formant des réseaux « autogérés ». L'Eglise veille, pour sa part, à ce que les confréries se maintiennent dans le cadre du culte, des processions et de la charité. Les représentations imagées de la Trinité sous forme d'une

Trinité en élévation : le Père portant le fils crucifié et surmonté par la colombe du Saint Esprit — image théologique s'il en est — se multiplient au XIVe et XVe siècles. Je ne citerai que l'admirable Trinité de Masaccio dans l'église des Dominicains de Florence, Santa Maria Novella.

Parallèlement, bien qu'hostiles aux confréries – dont le principe suppose de croire au purgatoire, aux indulgences – les partisans d'une nouvelle réforme, au XVe siècle, développeront une théologie critique de l'Eglise romaine largement fondée sur l'Esprit-Saint. Le cas est flagrant au XVIe siècle avec Luther, mais plus encore avec le Suisse Huldrych Zwingli et le Français Jean Calvin : ces deux derniers font de l'Esprit-Saint une machine de guerre contre l'Eglise romaine.

Cela dit, j'avancerais une autre idée. Elle peut susciter des protestations. A savoir : que la Trinité ne suffisait pas et que le Moyen Age y a intégré une quatrième Personne, une femme : la Vierge. D'ailleurs les Réformés ne s'y trompèrent pas, dénonçant la « mariolâtrie » de l'Eglise installée.

Quand Marie protège. La « bonne mort »

Pourtant l'Eglise catholique n'a véritablement affirmé ses dogmes concernant la Vierge qu'au XIXe *siècle (Immaculée Conception, 1854) et au* XXe *(Assomption, 1950). Et ceux-ci la subordonnent toujours à Dieu.*

Sans être officiellement formulées sous forme de dogmes, ces deux notions théologiques sont déjà installées. Au XIIe siècle, s'affirme l'idée selon laquelle la mère du Sauveur ne peut, après sa mort, avoir subi la corruption : elle est montée au ciel corps et âme (l'Assomption). Au XIVe, un débat passionné se développe pour savoir si la Vierge était née, comme tous les hommes marquée du péché originel, ou si Dieu l'en avait exemptée de telle sorte que le Christ, sans péché, ne naisse pas d'une pécheresse (Immaculée Conception). La liturgie, et surtout la dévotion populaire, penchaient en faveur d'une pureté parfaite de Marie, dès sa conception.

Ancienne dans la chrétienté, la dévotion à Marie, très vive dans l'orthodoxie grecque byzantine, prit toute son ampleur au XIe siècle. Dès lors, cela ne cesse pas : sermons, chants, liturgies, œuvres d'art, humbles images, rédaction de l'*Ave Maria* (XIIe siècle, « Je vous salue, Marie »), récits de miracles, théâtre... Ne citons que le finale de la *Divine Comédie*, où Dante résume tout le paradoxe dont le Moyen Age fut fasciné :

« O Vierge mère, fille de ton Fils
humble et haute plus que toute créature
terme fixé d'un éternel conseil,
tu es celle qui tant a ennobli
l'humaine nature que Celui qui la fit
n'a pas dédaigné être fait par elle... »

On trouve d'abord ici la contradiction – apparemment surmontée, transcendée – entre l'égalité et l'inégalité (« *Mère fille de ton fils* »). Cette contradiction se tient au cœur du système féodal mais aussi de l'ensemble des rapports entre le haut et le bas, le ciel et la terre. Le *dominium* divin de Marie s'exprime au mieux dans l'extraordinaire recueil illustré de miniatures que lui consacra, au XIIIe siècle, le roi de Castille Alphonse X le Sage, les *Cantigas de Santa Maria*. C'est le plus admirable manuscrit de la bibliothèque de l'Escurial.

L'homme s'adresse à la Vierge pour qu'elle intercède auprès de son fils, qui est Dieu. Comment résister à la tentation de s'adresser donc directement à elle, notamment pour lui demander un miracle ? L'Eglise, qui s'attachait à éviter le transfert sur les saints d'un culte rendu à Dieu seul, fut souvent moins regardante s'agissant de

Marie. Nul, mieux qu'une simple jeune fille comme Jeanne d'Arc, ne pouvait accomplir, dans l'imaginaire, et souvent dans la croyance, cette descente du ciel sur la terre, caractéristique de l'humanisme médiéval.

Avec l'Assomption et l'Immaculée Conception, nous trouvons l'accomplissement du thème de l'Echelle. Une échelle relie le ciel à la terre, la terre au ciel, comme on le voit dès la Genèse (28, 12), avec le songe que fit Jacob : « *Voilà qu'une échelle était dressée sur la terre et que son sommet atteignait le ciel, et des anges de Dieu y montaient et descendaient* ». Cette Echelle, alternativement montée ou descendue, relie ce qu'il y a de plus spirituel à ce qu'il y a de plus charnel. Certes, parfois, des diables sont soufflés des entrailles de la terre. Ils ne peuvent pas, quoi qu'ils fassent, accéder à l'Echelle. Au pire, ils peuvent nous en faire choir, ou retarder l'ascension. La séparation entre l'ici-bas et l'au-delà, forte jusqu'aux Xe et XIe siècles, s'abolit de manière irréversible. La scolastique suit le même mouvement : elle est à la fois science de Dieu et sagesse des hommes, théologie et philosophie.

Avec la montée des confréries ne retrouve-t-on pas, en cette fin de Moyen Age, quelque chose de lancinant : la mort, omniprésente ?

On mourait beaucoup plus jeune et beaucoup plus vite au Moyen Age – la mort pouvait être plus imprévisible, plus massive, plus mystérieuse qu'aujourd'hui. Les hommes et les femmes, en revanche, craignaient moins la mort que leur destin posthume : ils se préoccupaient de leur salut, qui se trouvait en définitive scellé au dernier instant. Comme le dira saint François de Sales, au XVIIe siècle, à propos du suicide de Judas, le disciple traître : entre le moment où la corde se tend et celui où la corde étrangle, il y a encore une place pour que Jésus s'y glisse. C'est une idée tout à fait médiévale. Ne pas mourir seul, soudainement, non préparé, recevoir l'aide et la prière des confrères – tout cela offre l'assurance supplémentaire d'avoir une bonne mort, et recevoir le pardon *in extremis*, à la dernière extrémité.

Orientée dans le temps par l'attente du Jugement à venir, cette civilisation était eschatologique : projetée vers l'avant, vers les fins dernières. Ce qui donnait, au fond, une raison de vivre, de progresser. Et le Purgatoire renforça ces aspirations.

Ces préoccupations individuelles – le salut personnel – rencontraient un autre grand souci : la solidarité familiale et, sur le modèle aristocratique, la solidarité lignagère. La relation très forte entre les vivants s'enracine dans une fidélité aux morts. La liturgie des morts le dit avec éclat : nous pouvons aider les morts, et les morts peuvent aider les vivants. Cela n'est pas forcément morbide.

Nous l'avons vu, l'Antiquité rejetait les morts et leur souillure hors de la Cité, au long des routes. Les vivants s'y rendaient pour les honorer, pour les contenir aussi : les morts peuvent menacer les vivants, si les vivants les oublient. Avec le christianisme, à partir du IVe siècle voici donc les morts tout contre l'église, près des reliques, puis à l'intérieur des églises, à l'intérieur des villes. L'*urbanisation des morts* marche de pair avec l'*inurbamento* de la civilisation médiévale, décrit par Pierre Toubert. Souvenez-vous de l'émotion suscitée, encore au XVIIe siècle, par l'exclusion de Molière, à qui l'archevêque de Paris refuse une sépulture chrétienne.

Il y a toutefois un grand changement au XIVe siècle. La peur de l'après-mort, de l'enfer, régresse. Elle se fixe sur le moment de la mort elle-même. Les images qui s'imposent sont celles du cadavre, du squelette, de la tête de mort. La sensibilité devient celle du macabre et se répandent les représentations des danses macabres entraînant tous les « états » de la danse effrénée et irrépressible vers la mort.

Compensant en quelque sorte la descente des valeurs du Ciel sur la terre, la mort, au cours de cette crise générale où se déchaînent la famine, la peste et la guerre, remonte de l'enfer sur la terre. Mais la musique et la danse consolent l'homme qui, plus que jamais, font descendre, en contrepoint, le Paradis sur terre. L'univers médiéval est un univers de musique, de chant. Il promeut l'orgue, invente la polyphonie.

La dévotion aux morts n'était-elle pas un moyen pour l'Eglise d'assurer son emprise ?

Il n'y a pas de réponse tranchée. L'Eglise médiévale n'est pas un organisme froid, analysant froidement les moyens de contrôler la société et déterminant froidement une politique. Elle partage les croyances des fidèles. Elle en tire, certes, pouvoir et profits, mais elle se conçoit elle-même très largement comme une éducatrice et comme un prestataire de services indispensables. On trouve sûrement dans l'Eglise des profiteurs et des cyniques, comme dans n'importe quelle collectivité ou n'importe quel service public. Toute institution a pour but de se reproduire et d'exercer une emprise – ce qui n'est pas nocif en tant que tel. La question se pose quand l'institution gêne plus qu'elle n'aide. D'où l'omniprésence des mouvements de réforme. Voyez ce qu'on dit aujourd'hui de l'Etat qui a repris de nombreuses tâches, jadis assumées par l'Eglise.

Au XIIe siècle, la baisse des donations, l'essor du commerce, l'essor des villes fragilisent la puissance économique des monastères. Ceux-ci instituent alors de nombreuses dévotions spéciales permettant aux vivants d'aider les morts, ou d'être eux-mêmes aidés après leur mort : aumônes, dons pour des prières, dons pour des messes. Nous leur devons ces *Libri memoriales*, ces Livres de mémoire, où sont portés les noms des défunts pour qui l'on doit prier, et les dates des messes ou offices à célébrer.

Tout cela enracine une culture de la mémoire qui change la dimension de l'homme. Je l'ai évoqué.

Pour faire mémoire, en effet, se sont développés mieux que les *Libri*: on a rédigé des *chroniques* relatant la vie des disparus. Certains en ont déduit que le Moyen Age s'avançait vers la notion d'Histoire. Je repousse cette idée : les hommes du Moyen Age n'avaient ni la technique, ni même le désir de l'Histoire. Ils distinguent simplement entre la chronique qui relate et l'« histoire », une chronique explicative, avec un fil conducteur. Ce second genre de chronique, les *estoires*, n'a rien d'historique, au sens moderne du mot. Toutes recourent invariablement, pour expliquer le destin de tel ou tel, à des conventions, comme la Providence, la Fortune ou la folie des hommes. En revanche, il s'agit bien de mémoire. L'histoire comme discipline rationnelle du savoir ne naîtra qu'à la fin du XVIIIe et au XIXe siècle.

Dans l'aristocratie, la question du lignage était primordiale : votre ascendance, vos ancêtres, justifient votre droit à bénéficier d'un fief. La présence des morts était donc doublement importante : par piété, mais aussi par nécessité patrimoniale. Les livres de mémoire renforçaient la dévotion portée aux ancêtres. Cette dévotion assurait en retour le prestige des ancêtres, prestige d'autant plus fort qu'il venait à titre posthume : cela donnait plus d'autorité aux vivants. S'ensuivit un grand mouvement de fabrication d'ancêtres, qu'on alla chercher parfois loin dans l'Antiquité, avant même le christianisme. Ainsi, comme l'a montré Colette Beaune, la monarchie française se trouvat-elle nantie par les clercs d'un héroïque fondateur troyen, compagnon d'Enée : Francion. Le prestige de l'*Enéide* et de Virgile n'a rien d'incompatible avec le christianisme : c'est Virgile qui guide Dante à travers l'Enfer et le Purgatoire, dans la *Divine Comédie*.

En se développant la dévotion du purgatoire renforçait la mémoire des morts. Elle donnait à l'aristocratie, comme l'a joliment écrit Pierre Chaunu, « *un supplément de biographie* ». Ce souci a gagné progressivement l'ensemble des élites, notamment les marchands-banquiers. Vers la fin du Moyen Age, il se répand même, sous une forme plus modeste, dans des milieux moins prestigieux, comme celui des artisans. Là encore, le rôle des confréries n'est pas négligeable.

On le voit, avec la mémoire, l'homme prend encore un peu plus d'épaisseur. L'humanisme n'a décidément pas attendu la Renaissance.

6

EPILOGUE

Au terme de ces entretiens, je voudrais, à l'automne de ma vie, essayer de dire en quelques mots comment j'ai pratiqué cette recherche du Moyen Age et, pour moi-même et les amateurs d'histoire, où elle m'a mené. Cette quête, cette réflexion — qui ne sont pas terminées — ont constitué l'essentiel de mon métier d'historien.

Selon une formule banale, mais exprimant bien ce que j'ai vécu, c'est un beau mais difficile métier. J'ai essayé de reconstruire, d'éclairer et d'expliquer une longue tranche de l'histoire de la civilisation dans laquelle je suis né et j'ai vécu, et dont je voudrais montrer dans quelles conditions elle va affronter un futur que je ne devine pas — l'historien n'est pas un devin. Ce futur, je le souhaite européen. Car j'appartiens à cette humanité qui vit et se réalise dans une série de cercles concentriques : le local/régional, le national, l'européen, l'universel humain. Nous sommes à ce moment de l'histoire où nous devons faire émerger le cercle européen et lui donner le Moyen Age comme référence essentielle, non comme nostalgie, mais comme tremplin vers l'avenir. L'histoire se fait, je l'ai souligné, avec les documents où l'historien prend ses sources, et, s'il les a construites, il l'a fait dans le respect de la matière documentaire dans un travail rationnel et « scientifique » qui doit le rendre humble dans la conscience de sa dépendance par rapport au *matériel*.

C'est dans cet état d'esprit, dans cet effort professionnel, que j'ai construit un Moyen Age reposant sur le plus grand nombre de sources possibles. Je me permets de penser avoir enrichi le dossier des sources textuelles en interrogeant en particulier les sources littéraires et la littérature de masse qu'il s'agisse des manuels de confesseur ou des *exempla*. Mais le travail de l'historien est aussi, fondamentalement, un travail d'interprétation, de vivification des sources, et d'imagination. Le Moyen Age présenté ici est *mon* Moyen Age.

Je pense cependant que tout historien authentique doit, comme tout homme de savoir, être habité par un désir de vérité. Si je ne crois pas qu'il y ait *une* vérité historique, je crois que l'historien doit s'efforcer de construire une histoire vraie. Il doit être radicalement différent des auteurs de fiction. Le bon roman historique peut se situer dans les marges de l'histoire « vraie » : il ne fait pas partie du savoir historique. Et si l'imaginaire est un gibier pour l'historien, il ne peut devenir son inspirateur.

Enfin, je l'ai ressenti : l'histoire ne s'éclaire que dans la longue durée. J'ai compris aussi combien l'historien d'une époque ne la comprend que dans un va-et-vient avec le présent. J'ai vécu le Moyen Age et mon présent, ensemble. J'ai, en médiéviste, vécu plus intensément mon présent. Car, si toute époque passée vit encore dans le présent, je crois que le Moyen Age est particulièrement vivant et fondamental dans la société d'aujourd'hui. Je suis certain qu'il inspirera encore fortement son futur. Mon Moyen Age s'est formé dans une réflexion commune sur le passé, le présent et l'avenir.

Même si parfois l'exotisme médiéval fut pour moi un refuge, c'est surtout dans une meilleure compréhension du présent, en tant que source riche et forte de ce présent, que sa quête inachevée m'a apporté une précieuse nourriture.

Alain Guerreau a sévèrement critiqué toutes les tentatives pour trouver au Moyen Age des commencements d'aujourd'hui[1]. J'ai moi aussi fortement ressenti au cours de ma quête du Moyen Age un vif sentiment d'exotisme ou, pour reprendre le vocabulaire de Guerreau, d'altérité.

Pour lui, la quête du Moyen Age doit être celle d'une cohérence globale. J'ai personnellement cherché au cours de ma longue réflexion (une vie) cette cohérence et je lui ai donné le nom de civilisation. Je continue à penser qu'il s'est construit, entre le XIe siècle et le XIVe siècle, un type de société et un système de valeurs qui ont caractérisé « la civilisation médiévale ».

Depuis quelques années, je suis de plus en plus frappé par les tensions existant à l'intérieur de l'univers médiéval (l'homme et Dieu, la raison et la foi, l'âme et le corps, la guerre et la paix, la douleur et le plaisir) et par les limites des pouvoirs (Eglise, monarchies, seigneuries, universités). Mais je crois toujours possible de penser l'histoire de l'Occident (ou de l'Europe) depuis l'ère chrétienne dans la plus longue durée (le « long Moyen Age »), sans retomber dans les clichés et les phantasmes d'une histoire faite d'essors, de stagnations et de déclins, ou encore moins dans ceux d'une histoire en miettes. Je vois ainsi le Moyen Age se défaire en une multiplicité d'héritages.

Je pense que l'erreur de Guerreau est de ne pas bien expliquer les rapports entre continuité et changement, voire rupture. Il ne parvient pas à inclure la durée dans son modèle.

Comment peut-on faire cohabiter le même et l'autre ? Une civilisation est toujours en mouvement. Quand donne-t-elle naissance à une autre civilisation et que lui lègue-t-elle ? C'est ce long enfantement que je m'efforce

---

1. A. GUERREAU, « A la recherche de la cohérence globale et de la logique dominante de l'Europe féodale » in N. Fryde, P. Monnet, O. G. Oexle (eds), *Die Gegenwart des Feudalismus, Présence du féodalisme et présent de la féodalité, The presence of feodalism*, Francfort, Leipzig, 2002, notamment p 206.

de suivre et définir actuellement dans une réflexion sur la place du Moyen Age dans la construction de l'Europe.

On s'est posé la question de savoir si la future Constitution européenne devait contenir sinon un hommage à ce que l'Europe actuelle doit au christianisme médiéval – du moins une mention du rôle que celui-ci a joué. Ma position est claire : je ne crois pas que des mentions de ce genre aient leur place dans une Constitution. Celle-ci doit seulement réaffirmer deux principes : le caractère laïque des institutions, c'est-à-dire neutre, et le respect de la liberté religieuse.

En revanche, dans les textes évoquant la façon dont l'Europe s'est faite et se fait – notamment les manuels d'enseignement – il me semble obligatoire de dire tout ce que notre civilisation doit à ce christianisme. Dont je rappelle qu'il n'est pas *tout* le christianisme, même en s'en tenant au seul catholicisme. Existait avant lui le christianisme de l'Antiquité, et – parallèlement – se déploya l'imposante tradition orientale. Depuis, sont venus le temps des Réformes, puis la Révolution et la marche cahotante vers la démocratie qui n'est que marginalement chrétienne. De surcroît – on n'y songe pas assez – le centre de gravité du christianisme ne se trouve plus en Europe, pas plus qu'il ne s'y trouvait au début du Moyen Age.

A cette Europe médiévale, notre vie quotidienne doit l'émergence d'une « civilisation des mœurs », pour reprendre la formule de Norbert Elias. Quant à notre vie intellectuelle, elle lui doit son orientation et son originalité.

Saint Anselme (1033-1109) décrivait « *la foi en quête de l'intelligence* » (*fides quaerens intellectum*). Il exprimait ainsi la grande aspiration de toute cette civilisation au rationalisme. Aspiration qui s'épanouira dans la scolastique, et permettra l'avènement de la philosophie moderne, même si celle-ci ne se réfère plus à Dieu ou au christianisme.

Je reste frappé par le contraste entre cette horreur de la nouveauté qu'affichent les hommes du premier Moyen

Age, notamment les gens d'Eglise, et leur forte capacité d'innovation. Loin de voir un progrès dans leurs propres travaux, ils professent – on s'en souvient – diverses théories des Ages de l'Humanité, affirmant toujours que nous serions parvenus au plus bas, que l'Histoire décline, etc. Mais, dans le même temps, l'Eglise et la majeure part des laïques, suivant l'exemple d'Augustin, combattent les messianismes, les millénarismes, les grands mouvements apocalyptiques. L'existence de ces hommes, de ces femmes, montre qu'ils n'ont en général pas cru à la proximité de la Fin des Temps, que seules des minorités – certes bruyantes, voyantes, déstabilisatrices – mettent régulièrement sur le devant de la scène.

Quel plus bel exemple que les œuvres superbes inspirées par l'Apocalypse ! Quand je regarde les miniatures illustrant le *Commentaire sur l'Apocalypse* de l'Espagnol Beatus de Liebana (VIIIe siècle), ou la tapisserie de la cathédrale d'Angers (XIVe siècle), j'y perçois le reflet de grandes peurs, mais j'y devine bien plus l'ébranlement artistique que l'émoi existentiel.

Loin de moi, l'idée d'attribuer au Moyen Age une conception du progrès qui ne l'a pas effleuré. Je constate néanmoins que des papes et des empereurs jusqu'aux paysans, tous ont agi comme s'ils croyaient au progrès, comme s'ils le désiraient. Par l'effort des seigneurs et des paysans, l'économie rurale a « décollé ». Dans les villes, seigneurs, bourgeois et citadins ont voulu obtenir plus d'hygiène, plus de propreté, plus d'harmonie, plus de beauté.

Certes, nous l'avons aussi dit : là où la société médiévale est la plus critiquable, là où son œuvre civilisatrice a failli – là se trouvent aussi les ombres du succès et peut-être du progrès. Entre le XIe et le XIIIe siècles naissent, au revers des structures d'organisation, de durables structures de persécution. Alors s'écrivent les pages les plus noires de cette période : pogroms, enfermement des lépreux, mise en accusation et brûlement des « sodomites », répression inhumaine des hérétiques, emploi généralisé de la torture par les tribunaux d'Inquisition… Les médiévaux pensaient, en effet, que la chrétienté avait obtenu d'incontestables réussites, non sans difficultés, non sans épreuves. Ils voulaient en défendre la pureté, la préserver de tout ce qui menacerait l'équilibre. Mais la fin ne justifie pas les moyens.

Cette amère leçon, le monde « occidental », encore triomphant, du XXIe siècle doit s'en souvenir. Quand on a le sentiment, peut-être légitime, de toucher un sommet de l'épanouissement, un couronnement de la puissance, le besoin – l'exigence – de se sentir en sécurité engendre les dérives que l'on sait. Nous retrouvons ici cette *tension*, dont je parlais, propre à toute culture. Les faiblesses ou les erreurs de la civilisation médiévale sont comme le négatif de sa lumière. Ce temps est aussi celui des hôpitaux, malgré la faiblesse des moyens ; celui des monts-de-piété, celui de la *charitas*, sans cesse invoquée et préservée dans son sens originel d'amour.

Bien qu'agnostique, je vois dans la recherche du *salut*, que l'Eglise médiévale ne cessa d'inculquer, une aspiration à l'espoir, un appel. On connaît la fameuse triade des « vertus » théologiques : Foi, Espérance, Charité. Un franciscain, Jacques-Guy Bougerol, a parlé très justement d'une « *théologie de l'espérance* ». Je le cite :

> « Saint Bonaventure et saint Thomas d'Aquin apparaissent en même temps à l'apogée du Moyen Age latin. Pour Bonaventure, la certitude de l'espérance est personnelle : j'espère pour moi la béatitude promise par Dieu si je persévère jusqu'à la fin, et cette certitude de l'espérance m'est personnelle. Son objet est le difficile, l'« ardu » et le grand, c'est Dieu lui-même. Thomas d'Aquin procède autrement. Il étudie d'abord la passion-espérance, et montre comment l'homme transcende sa propre nature dans la magna-

> nimité, forme la plus haute de l'espérance humaine et de la confiance en soi. Avec l'aide de la grâce, l'espérance devient vertu théologique dont l'objet est Dieu lui-même ».

Voici l'aspiration fondamentale. A travers la pauvreté, les ravages des chevaux de l'Apocalypse – la guerre, la famine, la peste… — et toutes les violences auxquelles notre temps n'a rien à envier, l'*espoir* reste le principal héritage du Moyen Age.

Je pense souvent à l'usurier de Liège, dont parle le *Dialogus miraculorum* (Dialogue des miracles) du cistercien Césaire de Heisterbach (1180- v. 1240). Il fait l'objet de l'un des quelques 800 *exempla* composant ce recueil – ces récits brefs dont usaient les prédicateurs, qui se présentent comme véridiques et qui permettent de convaincre l'auditoire par une leçon salutaire.

L'usurier, mort, apparaît à sa femme. Il lui demande d'éprouver, de mettre à l'épreuve, l'amour qu'elle lui porte. Elle doit faire une pénitence capable d'extraire au plus vite son mari du purgatoire. La femme s'installe donc en recluse dans le cimetière. Au bout de sept ans, l'usurier lui apparaît de nouveau. Il porte une robe horizontalement bicolore : à moitié blanche, à moitié noire. Grâce à elle, dit-il, le voici à mi-chemin du paradis. Qu'elle continue sept ans : il lui apparaîtra au moment de passer dans l'éternité heureuse, vêtu d'une robe toute blanche… Et c'est ce qui advient.

Il y a dans cette arithmétique corporelle quelques-uns des traits les plus profonds de la civilisation médiévale : le recours au symbolisme, l'expression par l'image, la maîtrise du temps, le couple de l'homme et la femme inauguré par Adam et Eve, et le travail du salut. Il y a surtout l'aspiration à l'espérance, sur la terre comme au ciel. Car Césaire de Heisterbach ajoute cette phrase qui fut et reste l'un de mes étonnements : « *Le purgatoire, c'est l'espoir* ». J'ai envie de dire : le Moyen Age, c'est l'espoir.

TABLE DES MATIÈRES

Du même auteur

Marchands et Banquiers du Moyen Âge
PUF, « Que sais-je ? », 1955 ; 2011

Les Intellectuels au Moyen Âge
Seuil, 1957 ; « Points Histoire », n° 78, 1985

Le Moyen Âge
Bordas, 1962

La Civilisation de l'Occident médiéval
Arthaud, 1964 ; 1984
Flammarion, « Champs », 1982 ; 2008

Le Moyen Âge (1060-1330)
Bordas, 1971

Les Propos de Saint Louis
Gallimard / Julliard, « Archives », 1974

Pour un autre Moyen Âge
Temps, travail et culture en Occident : 18 essais
Gallimard, 1977 ; 1991

La Naissance du Purgatoire
Gallimard, 1981 ; 1991

L'Apogée de la chrétienté
(v. 1180-v. 1330)
Bordas, 1982 ; 1994

L'Imaginaire médiéval
Gallimard, 1985 ; 1991

La Bourse et la Vie
Économie et religion au Moyen Âge
Hachette, 1986 ; 1997

Histoire et Mémoire
Gallimard, 1988

La Vieille Europe et la Nôtre
Seuil, 1994

L'Europe racontée aux jeunes
Seuil, 1996

Saint Louis
Gallimard, 1996

Une vie pour l'histoire
Entretiens avec Marc Heurgon
La Découverte 1996

Pour l'amour des villes
Entretiens avec Jean Lebrun
Textuel, 1997

Un autre Moyen Âge
Gallimard, « Quarto », 1999

Saint François d'Assise
Gallimard, 1999

Un Moyen Âge en images
Hazan, 2000 ; 2007

Cinq personnages d'hier pour aujourd'hui
Bouddha, Abélard, Saint-François, Michelet, Bloch
La Fabrique, 2001

Le Dieu du Moyen Âge
Entretiens avec Jean-Luc Pouthier
Bayard, 2003

L'Europe est-elle née au Moyen Âge ?
Seuil, « Faire l'Europe », 2003 ;
« Points Histoire », n° 431, 2010

Héros du Moyen Âge, le saint et le roi
Gallimard, « Quarto », 2004

Un long Moyen Âge
Tallandier, 2004 ; Hachette, « Pluriel », 2009

Héros et merveilles du Moyen Âge
Seuil, 2005 ; « Points Histoire », n° 403, 2009

Le Moyen Âge expliqué aux enfants
(avec la collaboration de Jean-Louis Schlegel)
Seuil, 2006

L'Europe expliquée aux jeunes
Seuil, 2007

Avec Hanka
Gallimard, 2008

Le Moyen Âge et l'Argent
Perrin, « Pour l'histoire », 2010

À la recherche du temps sacré
Jacques de Voragine et la *Légende dorée*
Perrin, « Pour l'histoire », 2011

OUVRAGES COLLECTIFS
(édition et collaboration)

Du Moyen Âge aux Temps modernes
(1328-1715)
(avec Jean Rudel, Michel Arondel et Jacques Dupâquier)
Bordas, 1965

Hérésies et Sociétés dans l'Europe pré-industrielle
(XIe-XVIIIe siècle)
Mouton, 1968

Faire de l'Histoire
1. Nouveaux problèmes
2. Nouvelles approches
3. Nouveaux objets
(avec Pierre Nora)
Gallimard, 1974 ; 1986 ; « Folio histoire », 2011

Famille et Parenté dans l'Occident médiéval
(avec Georges Duby)
École française de Rome, 1977

La Nouvelle Histoire
(avec Roger Chartier et Jacques Revel)
Retz, « Encyclopédie du savoir moderne », 1978 ;
Bruxelles, Complexe, 1988 ; 2006

Histoire de la France urbaine
(sous la direction de Georges Duby)
tome 2. La ville médiévale
(avec André Chédeville et Jacques Rossiaud)
Seuil, 1980
repris sous le titre : La Ville en France au Moyen Âge
« Points Histoire » n° 247, 1998

Le Charivari

(avec Jean-Claude Schmitt)

EHESS, 1981

Objets et Méthodes de l'histoire de la culture

Actes du colloques franco-hongrois de Tihany

(avec Béla Köpeczi)

Éd. du CNRS, 1982

Intellectuels français, intellectuels hongrois

(XIIIe-XXe siècle)

(avec Béla Köpeczi)

Éd. du CNRS, 1986

Histoire de la France religieuse

tome 1. Des dieux de la Gaule à la papauté d'Avignon

tome 2. Du christianisme flamboyant à l'aube

des Lumières (XIVe-XVIIIe siècle)

tome 3. Du roi très chrétien à la laïcité républicaine

(XIVe-XVIIIe siècle)

tome 4. Société sécularisée et renouveaux religieux : XXe siècle

(avec René Rémond)

Seuil, 1988 ; 1988 ; 1991 ; 1992

Histoire de la France

(sous la direction d'André Burguière et Jacques Revel), 4 vol.

tome 2. L'État et les pouvoirs

Seuil, 1989 ;

repris sous le titre : La Longue Durée de l'État

« Points Histoire » n° 275, 2000

L'Homme médiéval

Seuil, 1989 ; « Points Histoire » n° 183, 1994

Le Moyen Âge aujourd'hui
Trois regards contemporains sur le Moyen Âge
(histoire, théologie, cinéma :
actes de la rencontre de Cerisy-la-Salle)
Léopard d'or, 1998

Patrimoine et Passions identitaires
Entretiens du patrimoine
Fayard, 1998

Dictionnaire raisonné de l'Occident médiéval
(avec Jean-Claude Schmitt)
Fayard, 1999

Les Calendriers
Leurs enjeux dans l'espace et dans le temps
(avec Jean Lefort et Perrine Mane)
Somogy, 2002

Une histoire du corps au Moyen Âge
(avec Nicolas Truong)
L. Lévi, 2003 ; 2006

RÉALISATION : FRANÇOISE PHAM
NORMANDIE ROTO IMPRESSION S.A.S. À LONRAI
DÉPÔT LÉGAL : MARS 2006 - N° 86050-5 (1401373)
IMPRIMÉ EN FRANCE

Éditions Points

Le catalogue complet de nos collections est sur Le Cercle Points, ainsi que des interviews d'auteurs, des jeux-concours, des conseils de lecture, des extraits en avant-première…

www.lecerclepoints.com

Collection Points Histoire

DERNIERS TITRES PARUS

H185. Moines et Religieux au Moyen Âge
par la revue « L'Histoire »
H186. Histoire de l'extrême droite en France, *Ouvrage collectif*
H187. Le Temps de la guerre froide, *par la revue « L'Histoire »*
H188. La Chine, tome 1 (1949-1971)
par Jean-Luc Domenach et Philippe Richer
H189. La Chine, tome 2 (1971-1994)
par Jean-Luc Domenach et Philippe Richer
H190. Hitler et les Juifs, *par Philippe Burrin*
H192. La Mésopotamie, *par Georges Roux*
H193. Se soigner autrefois, *par François Lebrun*
H194. Familles, *par Jean-Louis Flandrin*
H195. Éducation et Culture dans l'Occident barbare (VIe-VIIIe siècle)
par Pierre Riché
H196. Le Pain et le Cirque, *par Paul Veyne*
H197. La Droite depuis 1789, *par la revue « L'Histoire »*
H198. Histoire des nations et du nationalisme en Europe
par Guy Hermet
H199. Pour une histoire politique, *Collectif*
sous la direction de René Rémond
H200. « Esprit ». Des intellectuels dans la cité (1930-1950)
par Michel Winock
H201. Les Origines franques (V^{e}-IXe siècle), *par Stéphane Lebecq*
H202. L'Héritage des Charles (de la mort de Charlemagne aux environs de l'an mil), *par Laurent Theis*
H203. L'Ordre seigneurial (XIe-XIIe siècle)
par Dominique Barthélemy

H204. Temps d'équilibres, Temps de ruptures
par Monique Bourin-Derruau
H205. Temps de crises, Temps d'espoirs, *par Alain Demurger*
H206. La France et l'Occident médiéval
de Charlemagne à Charles VIII
par Robert Delort (à paraître)
H207. Royauté, Renaissance et Réforme (1483-1559)
par Janine Garrisson
H208. Guerre civile et Compromis (1559-1598)
par Janine Garrisson
H209. La Naissance dramatique de l'absolutisme (1598-1661)
par Yves-Marie Bercé
H210. La Puissance et la Guerre (1661-1715)
par François Lebrun
H211. La Monarchie des Lumières (1715-1786)
par André Zysberg
H212. La Grèce préclassique, *par Jean-Claude Poursat*
H213. La Grèce au Ve siècle, *par Edmond Lévy*
H214. Le IVe Siècle grec, *par Pierre Carlier*
H215. Le Monde hellénistique (323-188), *par Pierre Cabanes*
H216. Les Grecs (188-31), *par Claude Vial*
H218. La République romaine, *par Jean-Michel David*
H219. Le Haut-Empire romain en Occident
d'Auguste aux Sévères, *par Patrick Le Roux*
H220. Le Haut-Empire romain.
Les provinces de Méditerranée orientale,
d'Auguste aux Sévères, *par Maurice Sartre*
H221. L'Empire romain en mutation, des Sévères à Constantin
(192-337)
par Jean-Michel Carrié et Aline Rousselle
H225. Douze Leçons sur l'histoire, *par Antoine Prost*
H226. Comment on écrit l'histoire, *par Paul Veyne*
H227. Les Crises du catholicisme en France, *par René Rémond*
H228. Les Arméniens, *par Yves Ternon*
H229. Histoire des colonisations, *par Marc Ferro*
H230. Les Catholiques français sous l'Occupation
par Jacques Duquesne
H231. L'Égypte ancienne, *présentation par Pierre Grandet*
H232. Histoire des Juifs de France, *par Esther Benbassa*
H233. Le Goût de l'archive, *par Arlette Farge*
H234. Économie et Société en Grèce ancienne
par Moses I. Finley
H235. La France de la monarchie absolue 1610-1675
par la revue « L'Histoire »

H236. Ravensbrück, *par Germaine Tillion*
H237. La Fin des démocraties populaires, *par François Fejtö et Ewa Kulesza-Mietkowski*
H238. Les Juifs pendant l'Occupation, *par André Kaspi*
H239. La France à l'heure allemande (1940-1944) *par Philippe Burrin*
H240. La Société industrielle en France (1814-1914) *par Jean-Pierre Daviet*
H241. La France industrielle, *par la revue « L'Histoire »*
H242. Éducation, Société et Politiques. Une histoire de l'enseignement en France de 1945 à nos jours *par Antoine Prost*
H243. Art et Société au Moyen Âge, *par Georges Duby*
H244. L'Expédition d'Égypte 1798-1801, *par Henry Laurens*
H245. L'Affaire Dreyfus, *Collectif Histoire*
H246. La Société allemande sous le IIIe Reich *par Pierre Ayçoberry*
H247. La Ville en France au Moyen Âge *par André Chédeville, Jacques Le Goff et Jacques Rossiaud*
H248. Histoire de l'industrie en France du XVIe siècle à nos jours, *par Denis Woronoff*
H249. La Ville des Temps modernes *sous la direction d'Emmanuel Le Roy Ladurie*
H250. Contre-Révolution, Révolution et Nation *par Jean-Clément Martin*
H251. Israël. De Moïse aux accords d'Oslo *par la revue « L'Histoire »*
H252. Une histoire des médias des origines à nos jours *par Jean-Noël Jeanneney*
H253. Les Prêtres de l'ancienne Égypte, *par Serge Sauneron*
H254. Histoire de l'Allemagne, des origines à nos jours *par Joseph Rovan*
H255. La Ville de l'âge industriel *sous la direction de Maurice Agulhon*
H256. La France politique, XIXe-XXe siècle *par Michel Winock*
H257. La Tragédie soviétique, *par Martin Malia*
H258. Histoire des pratiques de santé *par Georges Vigarello*
H259. Les Historiens et le Temps, *par Jean Leduc*
H260. Histoire de la vie privée
1. De l'Empire romain à l'an mil
par Philippe Ariès et Georges Duby

H261. Histoire de la vie privée
2. De l'Europe féodale à la Renaissance
par Philippe Ariès et Georges Duby
H262. Histoire de la vie privée
3. De la Renaissance aux Lumières
par Philippe Ariès et Georges Duby
H263. Histoire de la vie privée
4. De la Révolution à la Grande Guerre
par Philippe Ariès et Georges Duby
H264. Histoire de la vie privée
5. De la Première Guerre mondiale à nos jours
par Philippe Ariès et Georges Duby
H265. Problèmes de la guerre en Grèce ancienne
sous la direction de Jean-Pierre Vernant
H266. Un siècle d'école républicaine, *par Jean-Michel Gaillard*
H267. L'Homme grec
Collectif sous la direction de Jean-Pierre Vernant
H268. Les Origines culturelles de la Révolution française
par Roger Chartier
H269. Les Palestiniens, *par Xavier Baron*
H270. Histoire du viol, *par Georges Vigarello*
H272. Histoire de la France
L'Espace français, *sous la direction*
de André Burguière et Jacques Revel
H273. Histoire de la France
Héritages, *sous la direction*
de André Burguière et Jacques Revel
H274. Histoire de la France
Choix culturels et Mémoire, *sous la direction*
de André Burguière et Jacques Revel
H275. Histoire de la France
La Longue Durée de l'État, *sous la direction*
de André Burguière et Jacques Revel
H276. Histoire de la France
Les Conflits, *sous la direction*
de André Burguière et Jacques Revel
H277. Le Roman du quotidien
par Anne-Marie Thiesse
H278. La France du XIXe siècle, *par Francis Démier*
H279. Le Pays cathare, *sous la direction de Jacques Berlioz*
H280. Fascisme, Nazisme, Autoritarisme, *par Philippe Burrin*
H281. La France des années noires, tome 1
sous la direction de Jean-Pierre Azéma
et François Bédarida

H282. La France des années noires, tome 2
sous la direction de Jean-Pierre Azéma et François Bédarida

H283. Croyances et Cultures dans la France d'Ancien Régime
par François Lebrun

H284. La République des instituteurs
par Jacques Ozouf et Mona Ozouf

H285. Banque et Affaires dans le monde romain
par Jean Andreau

H286. L'Opinion française sous Vichy, *par Pierre Laborie*

H287. La Vie de saint Augustin, *par Peter Brown*

H288. Le XIXe siècle et l'Histoire, *par François Hartog*

H289. Religion et Société en Europe, *par René Rémond*

H290. Christianisme et Société en France au XIXe siècle
par Gérard Cholvy

H291. Les Intellectuels en Europe au XIXe
par Christophe Charle

H292. Naissance et Affirmation d'une culture nationale
par Françoise Mélonio

H293. Histoire de la France religieuse
Collectif sous la direction de Philippe Joutard

H294. La Ville aujourd'hui
sous la direction de Marcel Roncayolo

H295. Les Non-conformistes des années trente
par Jean-Louis Loubet del Bayle

H296. La Création des identités nationales
par Anne-Marie Thiesse

H297. Histoire de la lecture dans le monde occidental
Collectif sous la direction de Guglielmo Cavallo et Roger Chartier

H298. La Société romaine, *Paul Veyne*

H299. Histoire du continent européen
par Jean-Michel Gaillard, Anthony Rowley

H300. Histoire de la Méditerranée
par Jean Carpentier (dir.), François Lebrun

H301. Religion, Modernité et Culture
au Royaume-Uni et en France
par Jean Baubérot, Séverine Mathieu

H302. Europe et Islam, *par Franco Cardini*

H303. Histoire du suffrage universel en France.
Le Vote et la Vertu. 1848-2000
par Alain Garrigou

H304. Histoire juive de la révolution à l'État d'Israël
Faits et documents, *par Renée Neher-Bernheim*

H305. L'Homme romain
Collectif sous la direction d'Andrea Giardina

H306. Une histoire du Diable, *par Robert Muchembled*

H307. Histoire des agricultures du monde
par Marcel Mazoyer et Laurence Roudart

H308. Le Nettoyage ethnique.
Documents historiques sur une idéologie serbe
par Mirko D. Grmek, Marc Gjidara et Neven Simac

H309. Guerre sainte, jihad, croisade, *par Jean Flori*

H310. La Renaissance européenne, *par Peter Burke*

H311. L'Homme de la Renaissance
Collectif sous la direction d'Eugenio Garin

H312. Philosophie des sciences historiques,
textes réunis et présentés, *par Marcel Gauchet*

H313. L'Absolutisme en France, *par Fanny Cosandey et Robert Descimon*

H314. Le Monde d'Ulysse, *par Moses I. Finley*

H315. Histoire des juifs sépharades, *par Esther Benbassa et Aron Rodrigue*

H316. La Société et le Sacré dans l'Antiquité tardive
par Peter Brown

H317. Les Cultures politiques en France
sous la direction de Serge Berstein

H318. Géopolitique du XVIe siècle
par Jean-Michel Sallmann

H319. Les Relations internationales
2. De la guerre de Trente Ans ans à la guerre de succession d'Espagne, *par Claire Gantet*

H320. Des traités : de Rastadt à la chute de Napoléon
par Jean-Pierre Bois

H323. De Nuremberg à la fin du XXe siècle
(tome 6, Nouvelle histoire des relations internationales / inédit), *par Frank Attar*

H324. Histoire du visuel au XXe siècle, *par Laurent Gervereau*

H325. La Dérive fasciste. Doriot, Déat, Bergery. 1933-1945
par Philippe Burrin

H326. L'Origine des Aztèques, *par Christian Duverger*

H327. Histoire politique du monde hellénistique
par Edouard Will

H328. Le Saint Empire romain germanique, *par Francis Rapp*

H329. Sparte, histoire politique et sociale
jusqu'à la conquête romaine, *par Edmond Lévy*

H330. La Guerre censurée, *par Frédéric Rousseau*

H331. À la guerre, *par Paul Fussel*

H332. Les Français des années troubles, *par Pierre Laborie*
H333. Histoire de la papauté, *par Yves-Marie Hilaire*
H334. Pouvoir et Persuasion dans l'Antiquité tardive
par Peter Brown
H336. Penser la Grande Guerre, *par Antoine Prost et Jay Winter*
H337. Paris libre 1871, *par Jacques Rougerie*
H338. Napoléon. De la mythologie à l'histoire
par Nathalie Petiteau
H339. Histoire de l'enfance, tome 1
par Dominique Julia et Egle Becchi
H340. Histoire de l'enfance, tome 2
par Dominique Julia, Egle Becchi
H341. Une histoire de l'édition à l'époque contemporaine
XIXe-XXe siècle, *par Elisabeth Parinet*
H342. Les enjeux de l'histoire culturelle, *par Philippe Poirrier*
H343. Le Monde des révolutions en Amérique
et en Europe à la fin du XVIIIe siècle, *par Jacques Solé*
H345. Histoire culturelle de la France, tome 3,
par Antoine de Baecque et Françoise Mélonio
H346. Histoire culturelle de la France, tome 4,
par Jean-Pierre Rioux et Jean-François Sirinelli
H347. L'État chez lui, l'Église chez elle
par Jean-Paul Scot
H348. La Résistance française : une histoire périlleuse
par Laurent Douzou
H349. Histoire culturelle de la France, tome 2,
par Jean-Pierre Rioux & Jean-François Sirinelli
H350. La France et les Juifs de 1789 à nos jours
par Michel Winock
H351. Historiographie de la guerre d'Algérie,
par Raphaëlle Branche
H352. L'Armée de Vichy, *par Robert O. Paxton*
H353. La Guerre froide 1917-1991, *par André Fontaine*
H354. Le Modèle politique français, *par Pierre Rosanvallon*
H355. Les Origines religieuses de la Révolution française
par Dale Van Kley
H356. Une histoire du Chat, *par Laurence Bobis*
H357. À la recherche du Moyen Âge, *par Jacques Le Goff*
H358. Les Quatre Parties du monde, *par Serge Gruzinski*
H359. Histoire des peurs alimentaires, *par Madeleine Ferrières*
H360. Le Grand Voyage de l'Obélisque, *par Robert Solé*
H361. La Vie à en mourir. Lettres de fusillés 1941-1944
par Guy Krivopissko
H362. Bleu. Histoire d'une couleur, *par Michel Pastoureau*

H363. Mitterrand, une histoire de Français, *par Jean Lacouture*
H364. Le Siècle des intellectuels, *par Michel Winock*
H365. Histoire des paysans français
par Emmanuel Le Roy Ladurie
H366. La Plus Vieille Cuisine du monde, *par Jean Bottéro*
H367. Histoire de la France politique 1. Le Moyen Âge
par Philippe Contamine
H368. Histoire de la France politique 2.
La Monarchie, entre Renaissance et Révolution
par Joël Cornette
H369. Histoire de la France politique 3.
L'Invention de la démocratie
par Serge Berstein, Michel Winock
H370. Histoire de la France politique 4.
La République recommencée
par Serge Berstein, Michel Winock
H371. Le Fascisme en action, *par Robert O. Paxton*
H372. Louis XIV. Les Stratégies de la gloire
par Peter Burke
H373. Ressentiment et Apocalypse, *par Philippe Burrin*
H374. Jésuites. Une multibiographie, t. 1, Les Conquérants
par Jean Lacouture
H375. Jésuites. Une multibiographie, t. 2, Les Revenants
par Jean Lacouture
H376. Sexe et pouvoir à Rome, *par Paul Veyne*
H377. Le Petit Livre des couleurs
par Michel Pastoureau & Dominique Simonnet
H378. Les Droites aujourd'hui, *René Rémond*
H379. Les Chamanes de la Préhistoire
par Jean Clottes & David Lewis-Williams
H380. Chronologie du XXe siècle, *par Bernard Phan*
H381. S'amuser au Moyen Âge, *par Jean Verdon*
H382. La Conversion d'Hermann le Juif
par Jean-Claude Schmitt
H383. Une histoire de pirates, *par Jean-Pierre Moreau*
H384. Histoire de la beauté, *par Georges Vigarello*
H385. Chronologie du Moyen Âge, *par Michel Zimmermann*
H386. L'Étoffe du diable, *par Michel Pastoureau*
H387. La Bataille de Paris, *par Jean-Luc Einaudi*
H388. 1515 et les grandes dates de l'histoire de France
par Alain Corbin
H389. Les Origines intellectuelles du IIIe Reich,
par George L. Mosse
H390. La Légende de Napoléon, *par Sudhir Hazareesingh*

H391. La Prostitution à Paris au XIXe siècle
par Alexandre Parent-Duchatelet
H392. La Guérilla du Che, *par Régis Debray*
H393. L'Orgasme et l'Occident, *par Robert Muchembled*
H394. *Mon* histoire des femmes, *par Michelle Perrot*
H395. La Reine scélérate, *par Chantal Thomas*
H396. La Pierre de Rosette, *par Robert Solé*
et Dominique Valbelle
H397. Mal et modernité, *par Jorge Semprun*
H398. Mémorial de Sainte-Hélène, t. 1
par Emmanuel de Las Cases
H399. Mémorial de Sainte-Hélène, t. 2
par Emmanuel de Las Cases
H400. Le Siècle des communismes, *Collectif*
H401. Histoire de la Bretagne et des Bretons, t. 1
par Joël Cornette
H402. Histoire de la Bretagne et des Bretons, t. 2
par Joël Cornette
H403. Héros et merveilles du Moyen Âge, *par Jacques Le Goff*
H404. Les Templiers, *par Alain Demurger*
H405. La Suisse, l'or et les morts, *par Jean Ziegler*
H406. Chronologie de la Rome antique, *par Yann Rivière*
H407. Les Fondations de l'islam, *par Alfred-Louis de Prémare*
H408. Rois et reines de France, *par Bernard Phan*
H409. Histoire de la décolonisation, *par Bernard Droz*
H410. L'Égypte, passion française, *par Robert Solé*
H411. Les Druides, *par Jean-Louis Brunaux*
H412. Chronologie de la France au XXe siècle, *par Bernard Phan*
H413. Brève histoire du fascisme, *par Renzo De Felice*
H414. La Guerre du Rif
par Vincent Courcelle-Labrousse, Nicolas Marmié
H415. Histoires grecques, *par Maurice Sartre*
H416. Les Origines de la solution finale
par Christopher R. Browning
H417. Batailles, *par Hervé Drevillon*
H418. Les Juifs américains, *par André Kaspi*
H419. 2000 ans d'histoire gourmande, *par Patrice Gélinet*
H420. Nourritures canailles, *par Madeleine Ferrières*
H421. La Croix et le Croissant, *par Richard Fletcher*
H422. Bagnards, *par Marion F. Godfroy*
H423. Chronologie de la Seconde Guerre mondiale
par Bernard Phan
H424. Pierre Mendès France, *par Jean Lacouture*
H425. La Vie sexuelle à Rome, *par Géraldine Puccini-Delbey*

H426. Chronologie de la Grèce ancienne, *par Paulin Ismard*
H427. Histoire des révolutions, *par Martin Malia*
H428. Histoire de la Prusse, *par Michel Kerautret*
H429. Histoire du débarquement en Normandie
par Olivier Wieviorka
H430. Les Voix de la liberté, *par Michel Winock*
H431. L'Europe est-elle née au Moyen Âge ?
par Jacques Le Goff
H432. L'Invention de la drague, *par Jean Claude Bologne*
H433. Bonaparte à la conquête de l'Égypte, *par Robert Solé*
H434. Chronologie de la Première Guerre mondiale
par Bernard Phan
H435. Aux origines de l'histoire des religions
par Philippe Borgeaud
H436. La Religion flamboyante (1320-1520)
par Jacques Chiffoleau
H437. L'Ivrogne et la Marchande de fleurs, *par Nicolas Werth*
H438. L'Expérience de l'histoire, *par Reinhart Koselleck*
H439. Chronologie des États-Unis, *par Pierre Sicard*
H440. Parlez-vous sans-culotte ?, *par Michel Biard*
H441. Comment notre monde est devenu chrétien
par Marie-Françoise Baslez
H442. Bêtes de somme, *par Eric Baratay*
H443. La Société médiévale, *par François Icher*
H444. La Mer. Terreur et fascination
sous la direction d'Alain Corbin et Hélène Richard
H445. 1939. Demain, la guerre, *par Richard Overy*
H446. Noir, *par Michel Pastoureau*
H447. Histoire du corps, t. I
par A. Corbin, J.-J. Courtine, G. Vigarello (dir.)
H448. Histoire du corps, t. II
par A. Corbin, J.-J. Courtine, G. Vigarello (dir.)
H449. Histoire du corps, t. III
par A. Corbin, J.-J. Courtine, G. Vigarello (dir.)
H450. La Ville antique. Histoire de l'Europe urbaine, 1
par J.-L. Pinol (dir.)
H451. La Ville médiévale. Histoire de l'Europe urbaine, 2
par J.-L. Pinol (dir.)
H 456. L'Allemagne nazie et les Juifs
t. I, Les Années de persécution (1933-1939)
par Saul Friedländer
H 457. L'Allemagne nazie et les Juifs
t. II, Les Années d'extermination (1939-1945)
par Saul Friedländer